VICTOR MEUSY

Chansons du Pavé

PARIS – LA POLITIQUE – L'AMOUR – FANTAISIES
PAYSANNERIES

Musique nouvelle de Georges MARIETTI

Illustrations de Fernand FAU

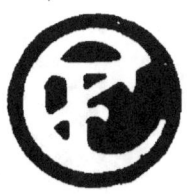

PARIS
ERNEST FLAMMARION, ÉDITEUR
RUE RACINE, 26, PRÈS L'ODÉON

Droits de traduction et de reproduction réservés pour tous les pays,
y compris la Suède et la Norvège.

CHANSONS DU PAVÉ

DU MÊME AUTEUR

CHANSONS D'HIER ET D'AUJOURD'HUI

Préface de Coquelin cadet. — Musique de Paul Delmet.
Illustrations de Eugène Rapp.

CHANSONS MODERNES

Illustrations de Fernand Fau.

GUIDE DE L'ÉTRANGER A MONTMARTRE

Texte rédigé avec la collaboration des principaux
auteurs montmartrois.

Nombreuses illustrations de Léandre, Willette, Steinlen,
Grün, Merwart, Léonce Buret, etc., etc.

Couverture en couleurs de Grün.

Il a été tiré de cet ouvrage vingt exemplaires sur papier du Japon tous numérotés et paraphés par l'éditeur.

I

PARIS

Le Pavé de Paris

Le Pavé de Paris

Sur ton vaste tremplin sonore,
O rugueux pavé de Paris !
Je dus faire, bien jeune encore,
Mes premiers bonds mal aguerris.
Je me souviens de tes caresses,
Qui donnaient, avec équité,
A mes genoux et à mes fesses
Des leçons de réalité.

Plus tard je t'ai foulé, jeune homme,
Sans te voir, le regard trop haut ;
De Pâris n'ayant que la pomme,
Je cherchais Vénus sans défaut...
D'une simple écorce d'orange
Mise lâchement sous mes pas
Tu refis la « Chute d'un Ange »
Après Lamartine et plus bas.

Je t'aime! O pavé, ma nourrice,
Dure mamelle où j'ai tété,
Avec la haine du factice,
L'amour de la sincérité.
Je t'aime à toute époque,
En tout temps, par toute saison.
Je t'aime d'un amour « Loufoque »
Sans droit, sans rime et sans raison.

Je t'aime à la saison morose,
Je t'aime au Printemps radieux.
Je t'aime l'Été quand t'arrose
Le cantonnier facétieux.
En Décembre, je t'aime encore
Quand la neige, bonne maman,
Étend sa courtine incolore
Pour te préserver de l'autan.

Je t'aime quand tu résonnes
Sous les galoches des gamins,
Je t'aime quand tu frissonnes
Sous les sabres et les gourdins,
Je t'aime par les soirs tièdes
Sous les pas des amants pressés,
Sous les pattes des quadrupèdes,
Sous les pieds des chevaux lassés.

Je t'aime... Hélas! il faudra dire :
Pavé, je t'aimais... autrefois,
Quand tu vibrais comme une lyre
Et quand tu n'étais pas de bois !
Car, aujourd'hui, je te déteste ;
Pavé malade et goudronné,
Pavé triste, Pavé-la-Peste !
Non, sur toi je ne suis pas né.

Sur ta croûte de cataplasme
Glissent les canules des Cars
Ou bien roulent sans enthousiasme
Les pneus des voitures Panhard.
On l'a dit : Les temps héroïques
Sont passés !... Pavé converti,
Pavé fait pour les Républiques
Où l'on lance des confetti !

La Parisienne

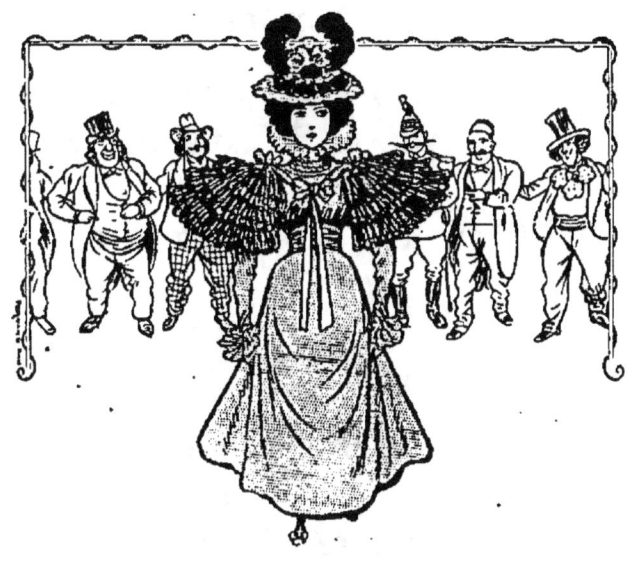

La Parisienne

CHANSON MARCHE

Musique de Louis GANNE

I

Le nez r'troussé,
Le pied chaussé
Comme un bijou dans un écrin,
L'air agacé,
L' corset corsé
Sans ouat', sans baleine et sans crin :
Chapeau coquet,
Un peu casseur,

Un frais bouquet
Auprès du cœur,
Elle va trottant
De Grenelle à Ménilmontant !

REFRAIN

En contemplant
Son regard étinc'lant
Le pauvre lazzarone
Dirait : c'est la Madone !
Le Turc épris
De ses charmes fleuris
Croit voir une houri ;
Il n'est qu'un cri :
C'est une reine !
Chacun va la nommant :
La Parisienne,
Tout simplement !

II

Petit trottin
A l'œil mutin,
Bourgeoise au maintien compassé,
Dame très bien,
Fille de rien,
Modiste allant d'un pas pressé

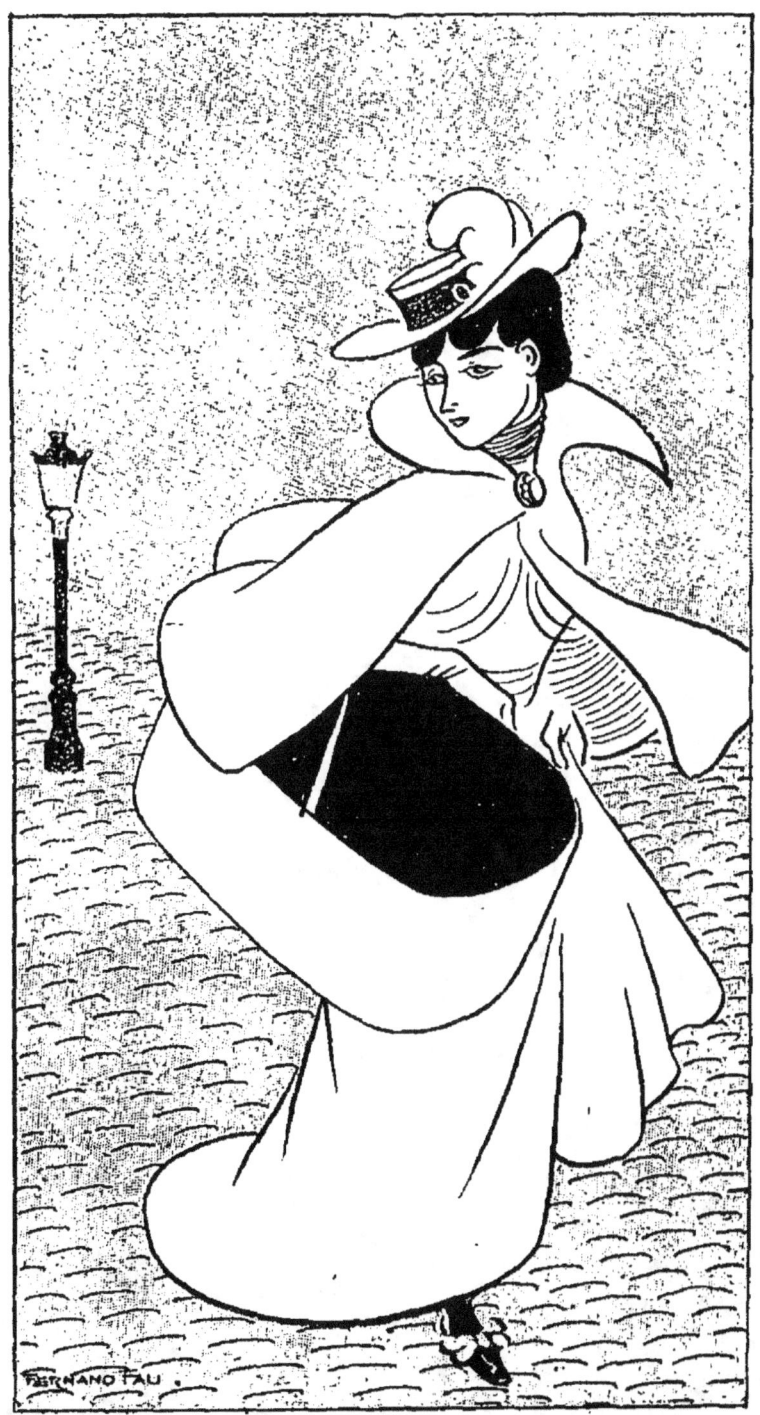

Avec un brin
De plum' de paon,
Un nœud d' satin,
Un bout d' ruban,
Elle sait toujours
Donner du chic à ses atours.

En contemplant..., etc.

III

Quand elle entend
L' tambour battant,
L' clairon sonnant dans le lointain,
A ces accents
Retentissants
Son petit cœur bondit soudain,
Car avant tout,
Malgré l' jupon,
Elle a du goût
Pour le Pompon,
Et dans l' régiment
Saurait marcher très crânement !

En contemplant..., etc.

Le Marché aux Fleurs

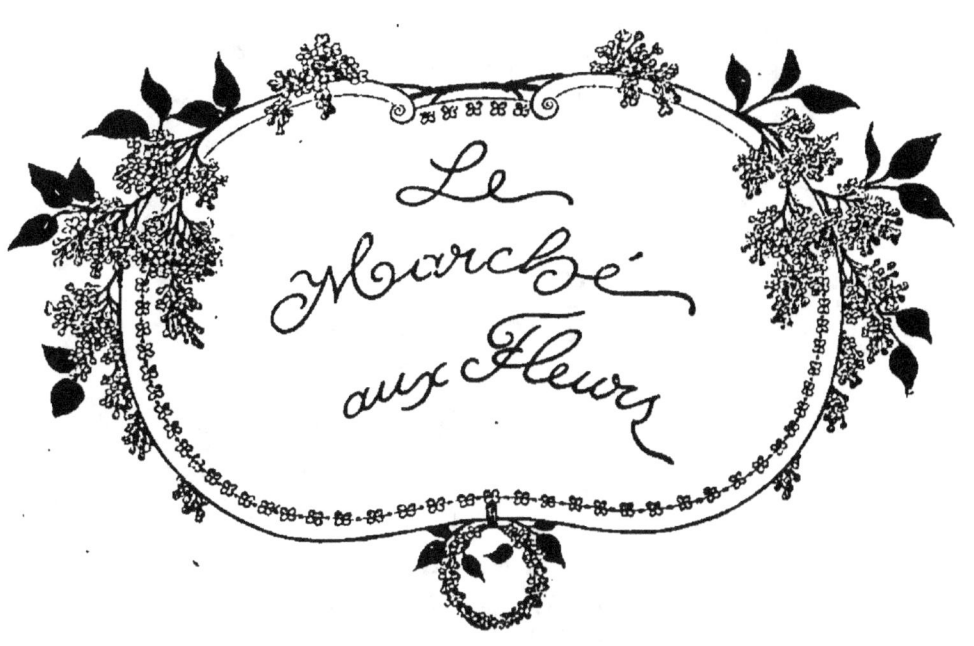

MUSIQUE DE DÉSIRÉ DIHAU

I

Est-il, au réveil,
Un plaisir pareil :
Voir sous le soleil,
Vision printanière,
Près du parapet,
L'énorme bouquet
Dont Paris coquet
Orne sa boutonnière

II

Dans ce frais jardin
Qui dure un matin
S'en vont au butin
Nos charmantes abeilles ;
C'est un bruit de voix,
Un duel courtois,
Et l'on fait son choix
En pillant les corbeilles.

III

Un mélange fou
Met sous un bambou
Le simple coucou
Regrettant sa clairière ;
Près d'un palmier nain
Qui vient du Bénin
Se tient un fusain
Natif de la Glacière.

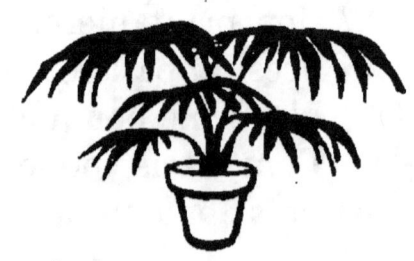

IV

Le long des quais gris
Des lilas fleuris
Ont les pieds meurtris
Dans d'étroites potiches ;
Aux bords des ruisseaux,
Poiriers jouvenceaux,
Pommiers aux berceaux
Dorment dans les bourriches.

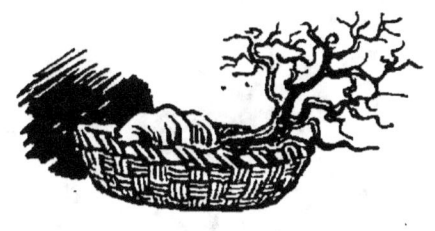

V

Fleurs des malheureux
Soucis langoureux
Réséda terreux
Et mère de famille
C'est pour vos regrets
Qu'on met tout auprès

Le sombre cyprès,
La triste camomille.

VI

Guettant le client
Moitié souriant,
Moitié suppliant,
Le marchand se trémousse.
Sa femme, en son coin,
Vous hêle de loin
Et pique avec soin
Des œillets dans la mousse.

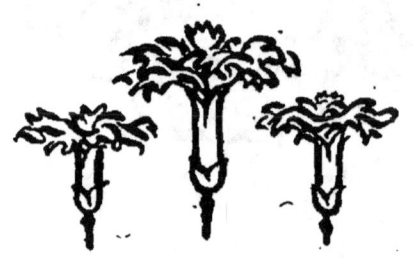

VII

Le voile baissé,
L'air embarrassé,
Vient d'un pas pressé
L'amoureuse un peu mûre.

Pour son Adonis
Il lui faut un lys,
Des myosotis...
Aveux d'une âme pure !

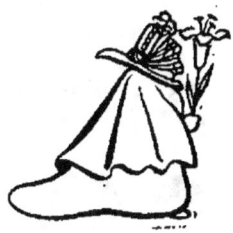

VIII

De gentils minois
Marchent trois par trois
Discutant parfois
Le myrte ou l'anémone.
Car c'est un mandat
Toujours délicat
De faire un achat
Pour fêter la patronne.

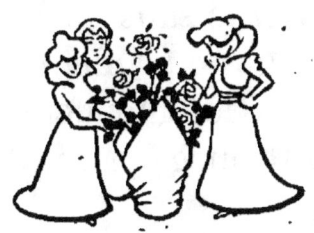

IX

Un bon tourlourou
Se gratte le cou

En risquant un sou
Pour deux brins de pensées !
Moins préoccupé,
Un monsieur hupé
Met dans son coupé
Des roses par brassées.

X

Armé d'un panier
Le petit rentier
Pose au jardinier
Mais ne fait pas d'emplette.
La vieille sans dent
D'un geste prudent
Choisit le chiendent
Qui doit purger Minette.

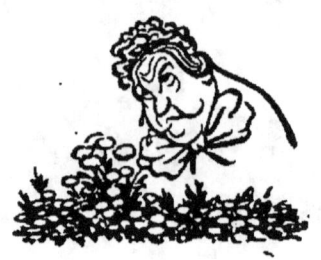

XI

Puis, tout disparaît,
Parterre et forêt,
Le silence naît
Dans un désert aride.
Le quai dégarni
Paris est terni
D'un deuil infini ;
Sa boutonnière est vide !

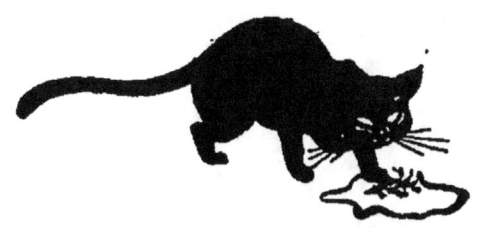

L'Hôtel des Ventes

L'Hôtel des Ventes

Musique de G. MARIETTI.

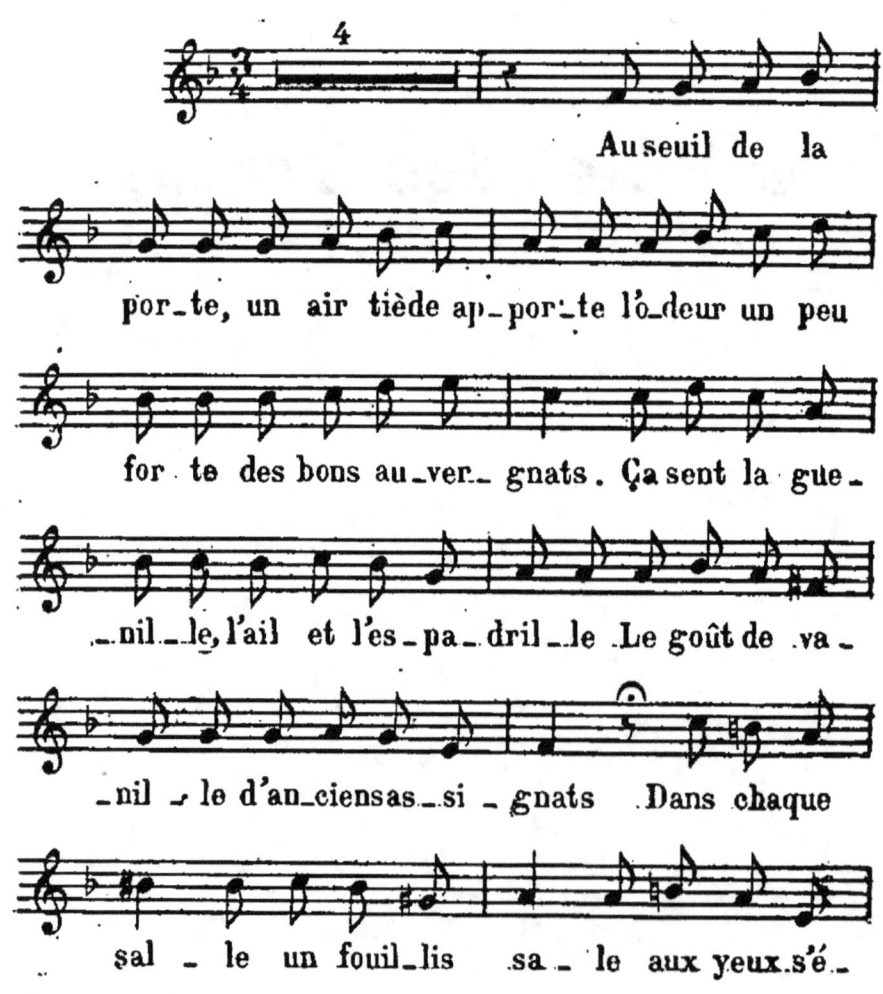

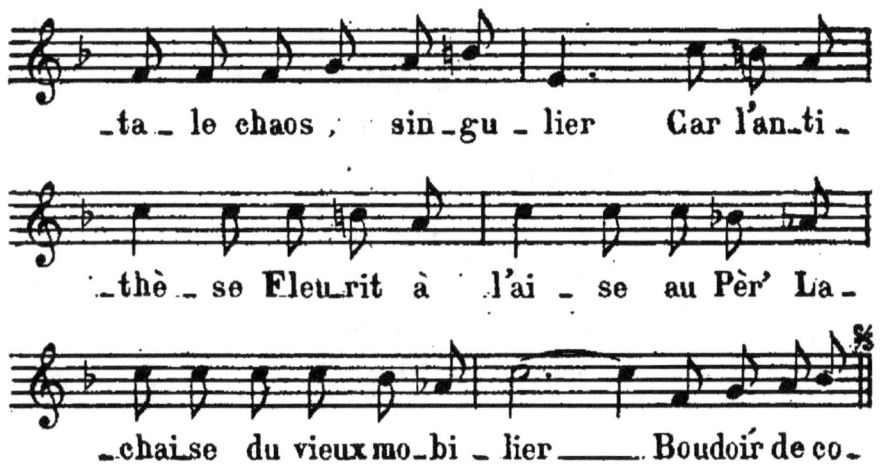

_ta_ le chaos, sin_gu_lier Car l'an_ti_thè_se Fleu_rit à l'ai_se au Pèr' La_chaise du vieux mo_bi_lier _____ Boudoir de co_

En poussant la porte
Un air tiède apporte
L'odeur un peu forte
Des bons Auvergnats.
Ça sent la guenille,
L'ail et l'espadrille;
Un goût de vanille,
D'anciens assignats.

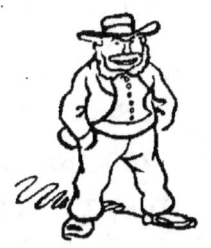

3.

Dans chaque salle,
Un fouillis sale
Aux yeux s'étale,
Chaos singulier !
Et l'antithèse
Fleurit à l'aise
Au Pèr' Lachaise
Du vieux mobilier.

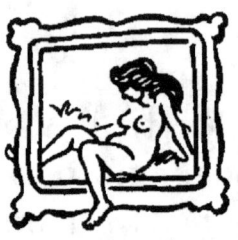

Boudoir de cocotte,
Parloir de bigote,
Outils de gargote,
Bouquins de savant,
Lanternes de phares,
Instruments bizarres
Trouvés dans les gares,
Ici, tout se vend !

Et dans sa chaire,
Le commissaire
Guettant l'enchère,
Lève son marteau :
« On dit cinquante !
« Par nous soixante !
« Pressons la vente ;
« C'est un vrai cadeau ! »

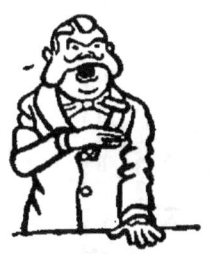

Curieux mélange
De luxe et de fange,
La foule se range
Autour du comptoir ;
La paupière cligne,
Le doigt fait un signe
Et chacun désigne
Ce qu'il veut avoir.

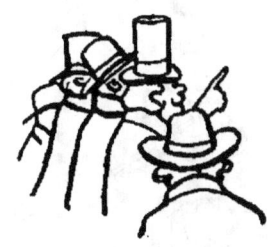

L'armoire à glace
Que l'on déplace
Rend la grimace
Des gens attentifs ;
Le regard louche,
L'effet de bouche,
La main qui touche,
Les appels furtifs.

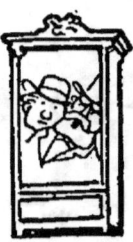

Bouchant les fenêtres
Des toiles de maîtres,
Des tableaux champêtres,
Des nymphes au bain,
Et l'on songe, triste,
Au capitaliste
Qui paya l'artiste
D'un morceau de pain.

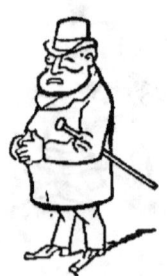

L'expert, très grave,
Essuie et lave
Un bout d'épave
Dans un cadre frais ;
Sur sa parole,
C'est de l'Ecole
Dite... Espagnole
Ou bien... à peu près.

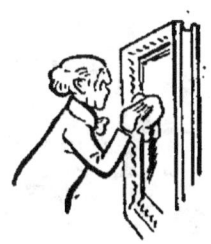

L'amateur très rogue,
Sur l'œuvre épilogue,
Lit le catalogue
Cent fois déjà lu.
« Un effet de givre !
« Messieurs, faites suivre ! »
Dit la voix de cuivre
Du crieur joufflu.

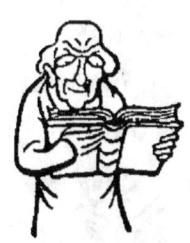

Là, sur les tables,
Des incunables,
Bouquins minables
De vache engoncés.
Bien moins « Province »,
L'Elzévir mince,
Mis comme un prince,
Prend des airs pincés.

Voici des gravures,
Aimables figures,
Galantes postures
Que traça Boucher.
Armés de leurs loupes,
Les vieux vont en troupes
Détailler des croupes
Qui les font loucher.

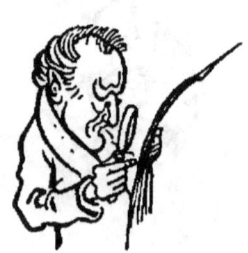

Mais la cohue,
Sans retenue,
Là-bas se rue,
Essayons d'entrer,
La salle est pleine,
On perd l'haleine;
C'est avec peine
Qu'on peut respirer.

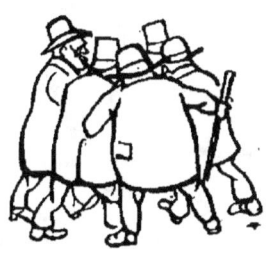

Des tableaux, des frusques,
Des vases étrusques,
En des gestes brusques,
Dansent à mes yeux.
L'affreuse migraine
Sur moi se déchaîne...
Dehors, on m'entraîne,
« De l'air !... Ah !... tant mieux ! »

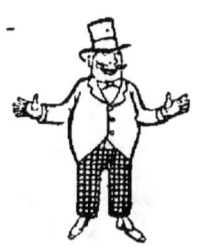

Les Quais

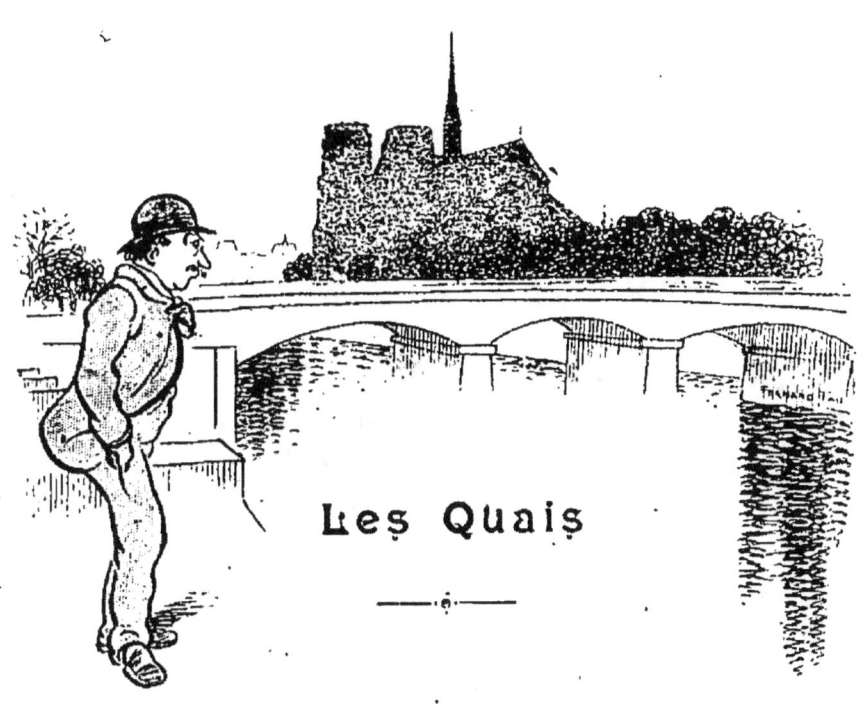

Les Quais

Musique de G. MARIETTI.

I

Le long des épais
Parapets,
De l'aube à la nuit close,
Je me paie, à l'œil,
Un fauteuil
Où l' croupion s'enkylose ;
En m' battant les flancs,
Pieds ballants
J' vois passer les chalands.

II

Zut ! au Danub' bleu,
Sacrebleu !
Moi, c' que j' gob' c'est la Seine
J'aim' à voir les r'mous
D' ses flots mous.
J' sais qu' sa lance est malsaine ;
Y a trop d' noyés
Délayés,
J'y tremp' mêm' pas les piés.

III

Jamais on n' verra
D'opéra
Ayant plus d' mise en scène ;
Quand vous débusquez
Sur les quais,
Quel coup ça vous assène.
En r'gardant l' côté
D' la Cité
On en reste épaté !

IV

Su' l' fond gris et or
　　Du décor,
Notre-Dam' se profile ;
　C'est comme un pilier
　　D' batelier.
Y semblerait qu' chaque île
　Est un gros bateau
　　Qu'un cordeau
　Retient au fil de l'eau.

V

　Quand j' fais pas l' lézard,
　　Par hasard,
J' passe au salon d' lecture ;
　　C' qu'y a du bouquin,
　　　Cré coquin !
　Mince d' littérature !
　　Corine... Atala...
　　　Moi c'est là
　Que j'ai lu tout Zola !

VI

Si j' trouve occupé
L' canapé
Par des marchands d' médailles,
Je r' luqu' les savants
Très fervents
Amateurs de trouvailles
Et j' rigole en d'sous
Des vieux fous
Et d' leurs pièc' de dix sous.

VII

J' vois les débardeurs,
Trimardeurs,
Dont la sueur dégouline,
Ça m'fait chaud dans l' dos
D'être au r'pos
Pendant que l' Peûp' turbine ;
Y sont avachis
Dans l' gachis
Tandis qu' moi, j' réfléchis !

Ce qu'on mange à Paris

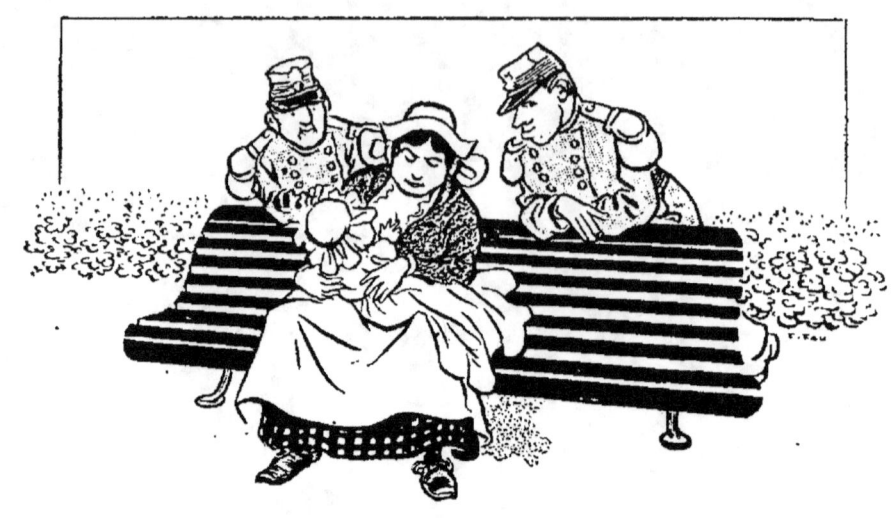

Ce qu'on mange à Paris

Musique de Désiré DIHAU.

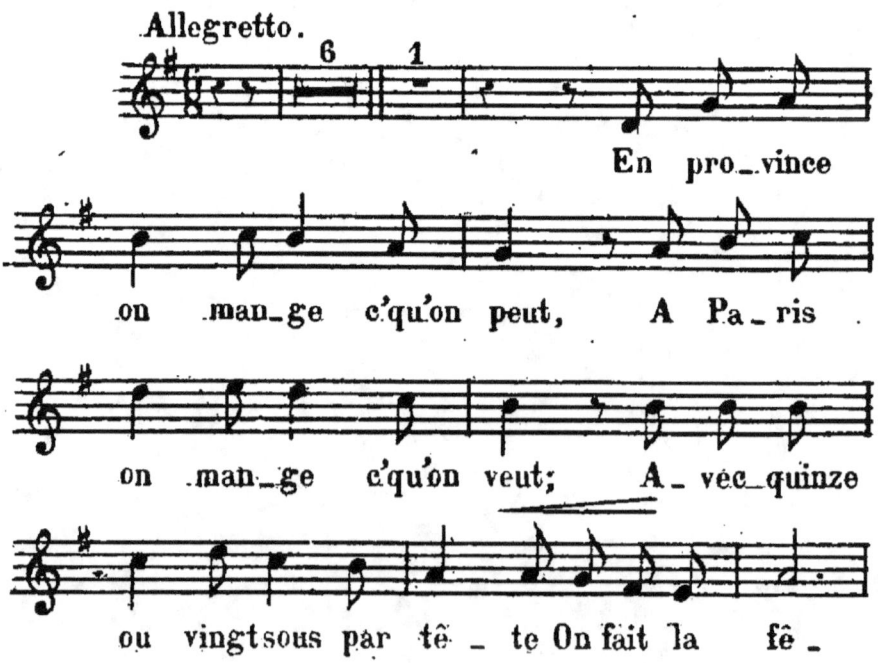

En pro_vince on man_ge c'qu'on peut, A Pa_ris on man_ge c'qu'on veut; A_vec quinze ou vingt sous par tê_te On fait la fê_

CE QU'ON MANGE A PARIS

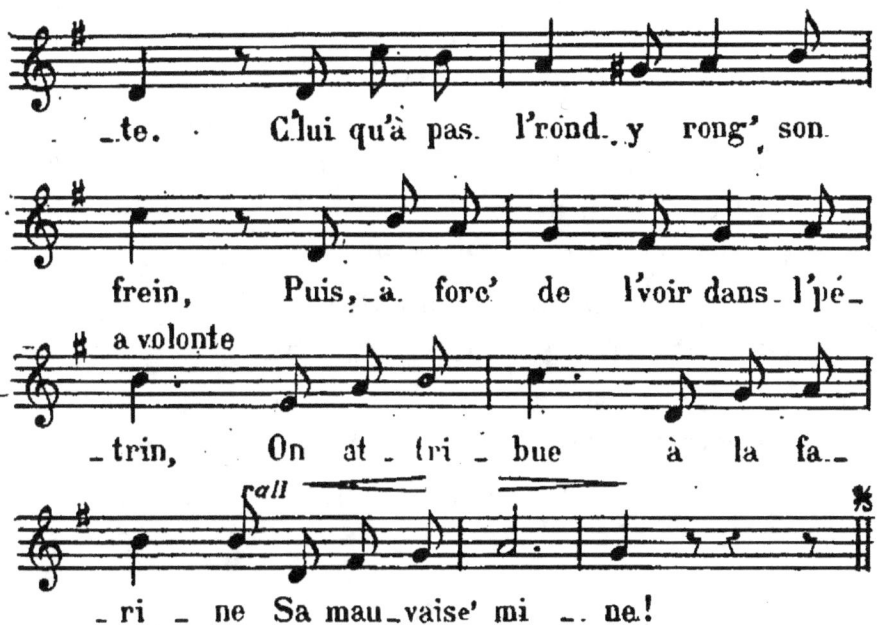

I

En province, on mange c' qu'on peut,
A Paris, on mange c' qu'on veut;
Avec quinze ou vingt sous par tête,
    On fait la fête.
C'lui qu'a pas l' rond, y rong' son frein,
Puis, à forc' de l' voir dans l' pétrin,
On attribue à la farine
    Sa mauvais' mine !

II

C'lui qu'a deux sous mang' du pain sec
Et après, pour se rincer l'bec,
A la Wálace y s'éclabousse
    D'un peu d'eau douce.
Les troupiers, sans se dire un mot,
Pendant des heur's croquent l'marmot,
Assis d'vant l'goss' qu'a pour gamelle
    Un' gross' mamelle.

III

L' prodigue, y mang' son capital
Et, pour digérer tout c' métal,
Y boit un coup et y trépasse
    Dans la grande Tasse.
L'avare, y s'met pas dans les frais,
Mais y n'boulot' pas un œuf frais
Sans passer la coquill' neigeuse
    A la tondeuse.

IV

Devant leurs clients étonnés,
Les cochers se mangent le nez,
On mèn', c'lui qui mord la poussière,
    — A la fourrière !

Les él'veurs ont soin d' leurs chevaux
— Y leurs y paient mêm' du Bordeaux, —
Mais l' jockey, qui n'a qu' la carcasse,
    Dévor' l'espace !

V

C' que la cocott' met sur son pain,
C'est du pigeon ou du lapin ;
L' pigeon, c'est ell' mêm' qui l'allume
    Et qui le plume !
Ell' met les plum's sur son chapeau,
Mais, du lapin, ell' n'a qu' la peau :
Au lieu d' la nourrir, ça la creuse,
    La malheureuse !

La musique de cette chanson se trouve chez l'éditeur A. PATAY, 21, Faubourg-du-Temple, Paris.

L'Inauguration de l'Exposition de 1900

L'Inauguration de l'Exposition de 1900

MUSIQUE DE G. MARIETTI.

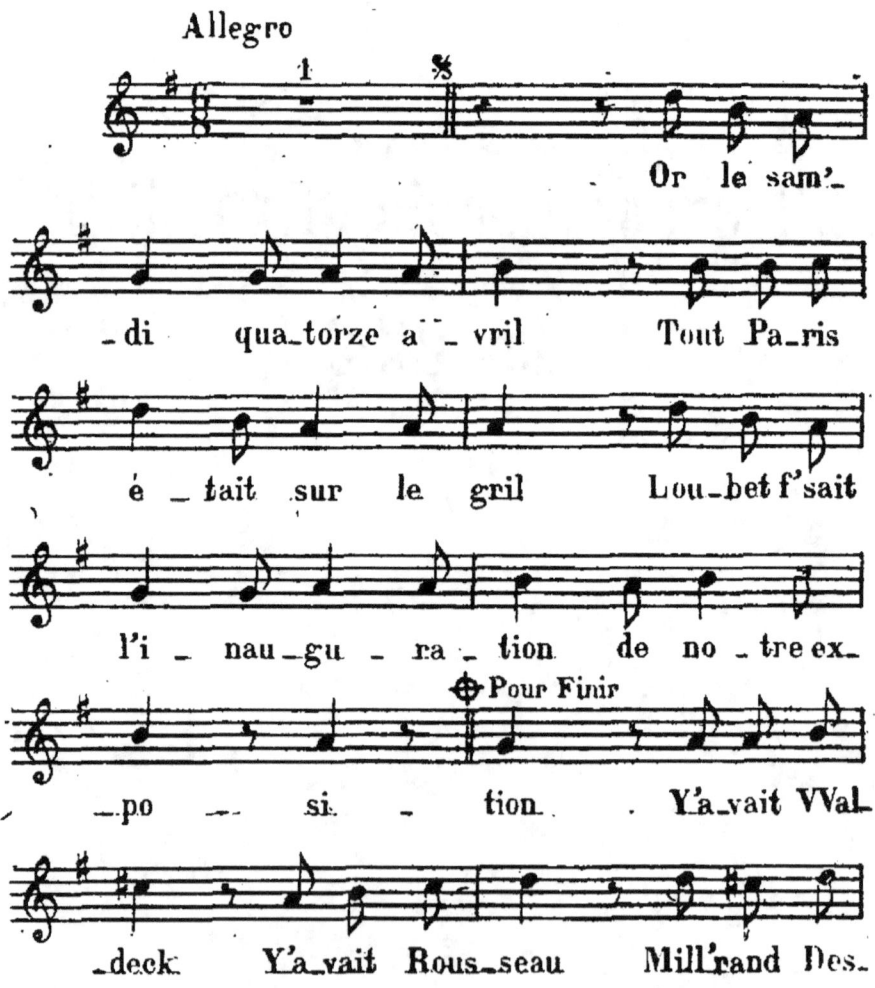

Allegro

Or le sam'di quatorze avril
Tout Paris était sur le gril
Loubet f'sait l'inauguration de notre exposition.
Pour Finir
Y'avait Waldeck Y'avait Rousseau Mill'rand Des-

L'INAUGURATION DE L'EXPOSITION DE 1900

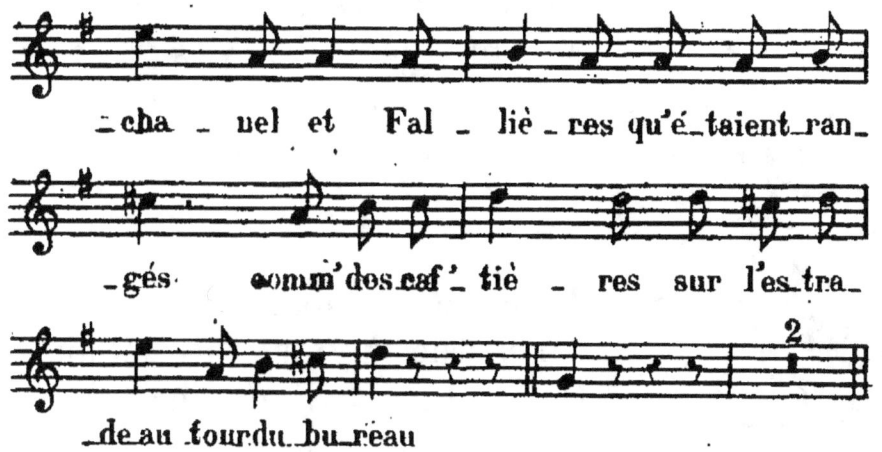

Or, le sam'di quatorze Avril,
Tout Paris était sur le gril :
Loubet f'sait l'inauguration
D' la grrr...ande Exposition.

Y'avait Waldeck, y'avait Rousseau,
Mill'rand, Deschanel et Fallières
Qu'étaient rangés comm' des caf'tières
Sur l'estrade, autour du bureau.

Mill'rand ayant fait un discours
(D'autant meilleur qu'il était court),
Tout l'monde en fut ébouriffé :
  Il n'avait pas gaffé !

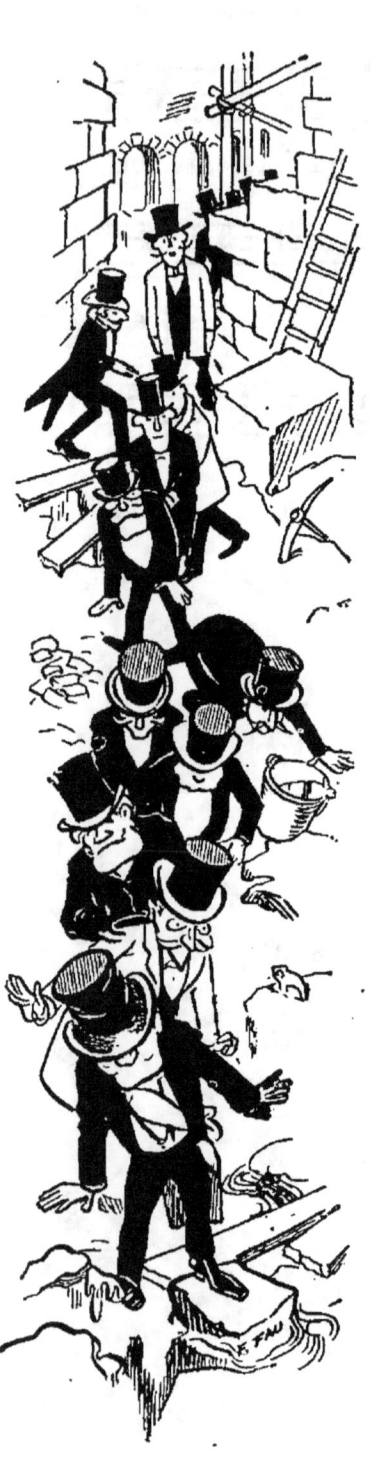

Alors Loubet s' dit : Nom d'un chien !
Moi aussi faut que j' les épate ;
Il poussa son discours-cantate
Avec un accent alsacien.

Tandis qu' Loubet se rasseyait
Au son de l'hymne marseillais
Crozier lui dit : N' perdons pas d' temps
   C'est l' moment d' ficher l' camp.

Moitié sautant, moitié nageant
Dans les flâqu's d'eau, les trous, les
Le cortèg' s'élança dar' dare. [mares,
   A la suite du Président.

« Là », désignait Monsieur Picard,
« C'est le palais le moins en r'tard,
« C'est celui de l'Agriculture,
   « Y n' manqu' que la toiture ! »

« Ici », r'prenait Monsieur Bouvard,
« Ce grand trou creusé dans la terre
« C'est un immense belvédère...
   « Qui s'élèv'ra très haut... plus tard.

On arriva, sans trop d' retard,
Au bord de la Seine où Picard
Fit monter, dans deux grands vapeurs,
   Les august's visiteurs.

« A droit' », reprit Monsieur Picard,
« Voyez ce palais magnifique,
« On en dress' le premier portique,
« Le restant sera fait plus tard. »

« A gauch', cria Monsieur Bouvard,
« La force motrice est en r'tard,
« Sans ça vous verriez la coupole
   « Tourner comme un' p'tit' folle. »

« A droit'... » « Ah ! zut ! pour le tableau ! »
Dit le Président en colère,
« Tout est en r'tard et j'considère
   « Que vous m' menez en bateau. »

La Parisienne de Binet

La Parisienne de Binet

Musique de G. MARIETTI.

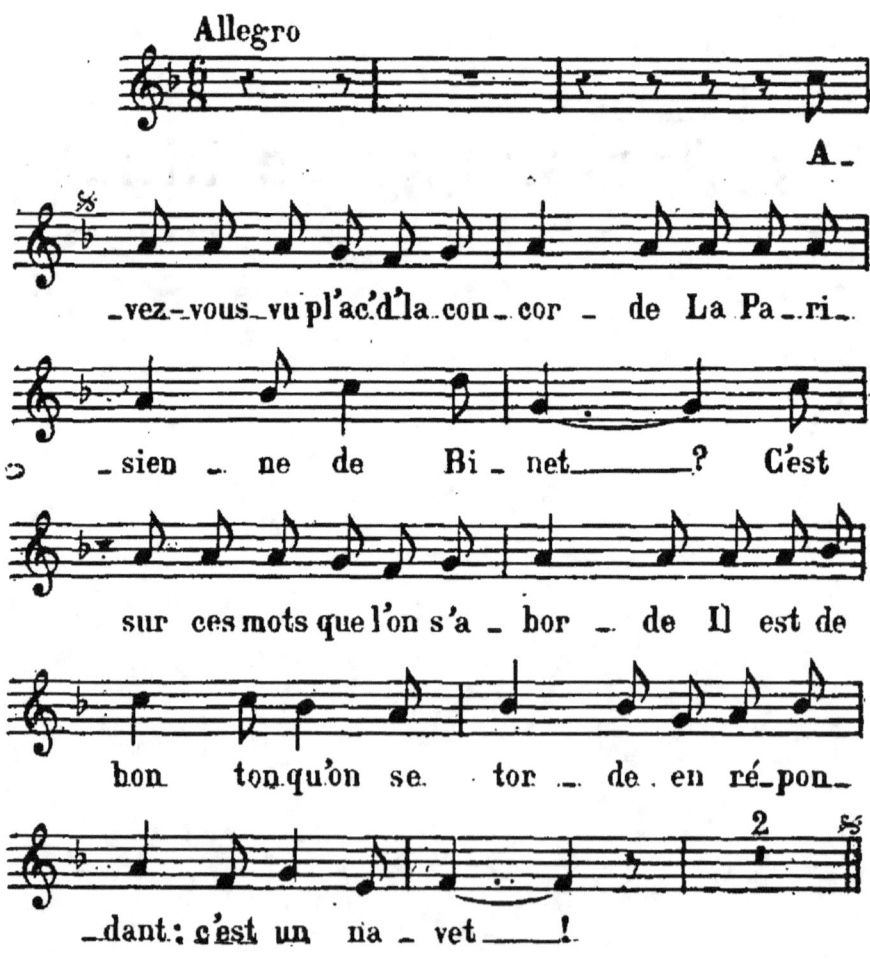

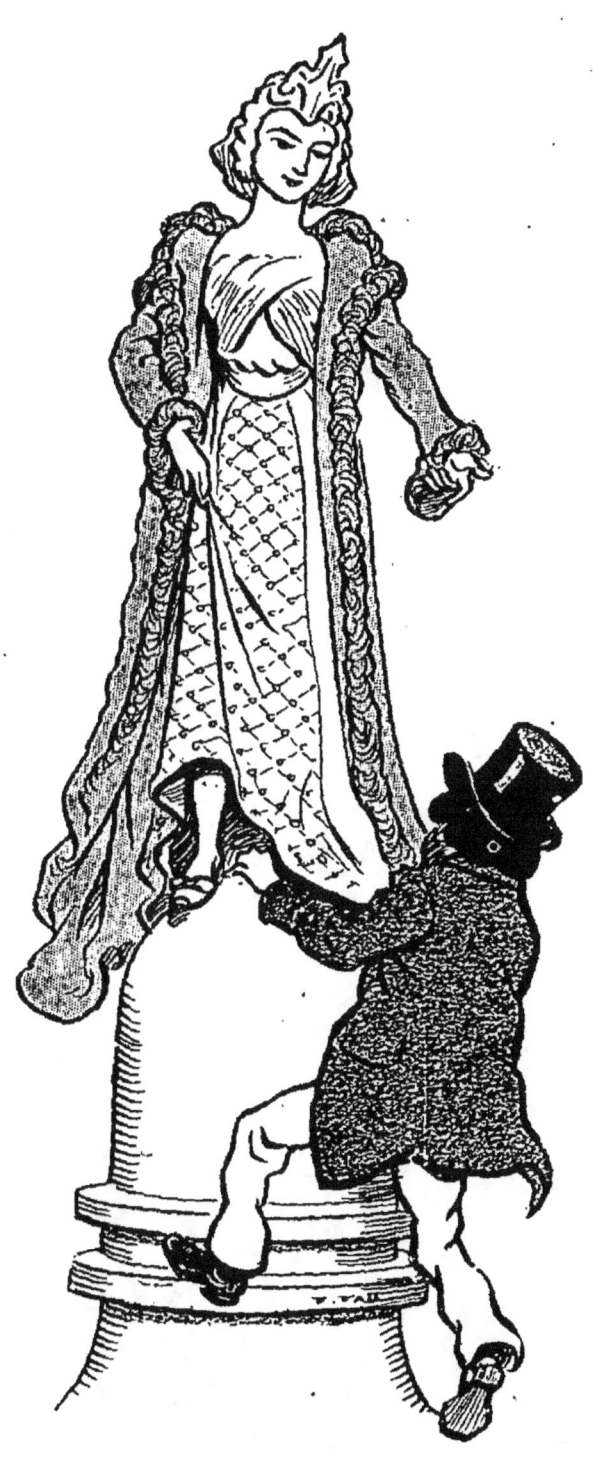

« Avez-vous vu, plac' d' la Concorde,
« La Parisienne de Binet ? »
C'est sur ces mots que l'on s'aborde.
Il est de bon goût qu'on se torde
En répondant : « Oui ! quel navet ! »

Cependant elle est belle fille,
Elle se tient d'un air décent,
Le chevalier Paquin l'habille,
Et du panache à la cheville
C'est la Mode de dix-neuf cent !

D'un geste qui veut être aimable
Elle fait signe à l'étranger
Que Paris est la bonne étable
Où pour un prix très abordable
On trouv' l'amour et le manger.

En la fixant longtemps de face
On voit bouger ses pieds menus,
Sa langue vous fait la grimace
Et, sous le manteau qui l'agace,
On sent s'agiter ses bras nus...

Qu'un fou d'amour, en embuscade,
Par une belle nuit d'été,
Vienne chanter sa sérénade
Et, risquant même l'escalade,
Nous montre enfin sa nudité !

La Rue de Paris

à l'Exposition de 1900

La Rue de Paris
à l'Exposition de 1900

POT POURRI

―◦―

Air : *La Ballade des Agents* (Yon Lug.) Refrain.

C'est dans la rue de Paris
Que s' ballade, que s' ballade,
C'est dans la rue de Paris
Que s' ballad' le Tout-Paris.

Car c'est dans la rue d' Paris
Que l'on croise, que l'on croise,
Car on crois', rue de Paris
Des gens de tous les pays.

Air : *Les Fraises*, ronde du *Bijou perdu*. (Op.-com. d'Adolphe Adam.)

Ah ! qu'il fait donc bon, qu'il fait donc bon,
L' soir à la fraîche
Dans la rue d' Paris
La rue d' Paris : c'est l' Paradis !
Mais un Paradis dont les houris
N' sont pas revêches
Personn' n'est trompé,
On peut palper
Avant d'ach'ter.

Ah ! qu'il fait donc bon
L' soir à la fraîche,
Dans la rue d' Paris
La rue d' Paris : c'est l' Paradis !

Air : *Le Fiacre.*

Les vieux marcheurs sur les dents,
Cahin caha ! hue dia ! hop là !
S' promèn'nt en fauteuils roulants,
Cahin caha ! hue dia ! gar' là !

Air : *L'Encombrement.*

Ces roulott's tracent des sillons
Parmi les épais bataillons
Des blond's, des brun's, des teint's et des déteintes.
N' pouvant plus jeter leur mouchoir
Les vieux *rouleurs* le laissent choir,
Geignant,
Toussant,
Dans leur fauteuil grinçant.

Air : *Compère Guilleri.*

Mais voilà dans la foule
A défaut d' *queen* un *king*
En smoking.
On l'entoure, on l'acclame,

On l'acclame un peu trop
    Pour son r'pos;
Viv' l'incognito !
    C'est un roi pas fier
Et très familier, car
Tout l' mond' l'appelle (*ter*) Oscar.

Air : *La Paimpolaise.*

Derrièr' lui le grand reportage
Vient noter ses moindres actions.
Les journalistes sont en nage...
Faut des manchett's aux éditions !
    Et les pauvres gas
    Marchent sur ses pas
Dans l'espoir de palper d' la braise
Ils prenn'nt des tas d' consommations
En fredonnant la *Chinchollaise*
Que l'on chante aux expositions.

Ballade des très vieilles Maisons

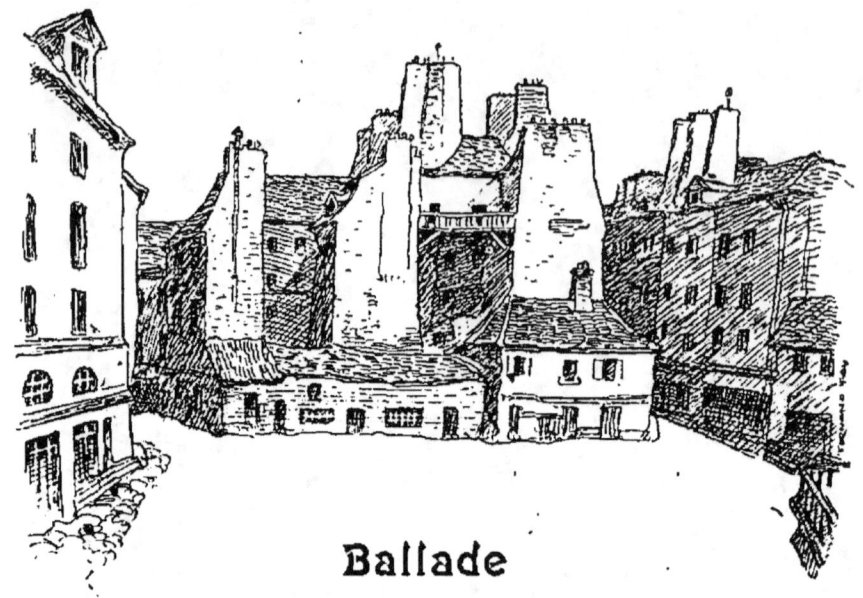

Ballade
des très vieilles Maisons

Musique de G. MARIETTI.

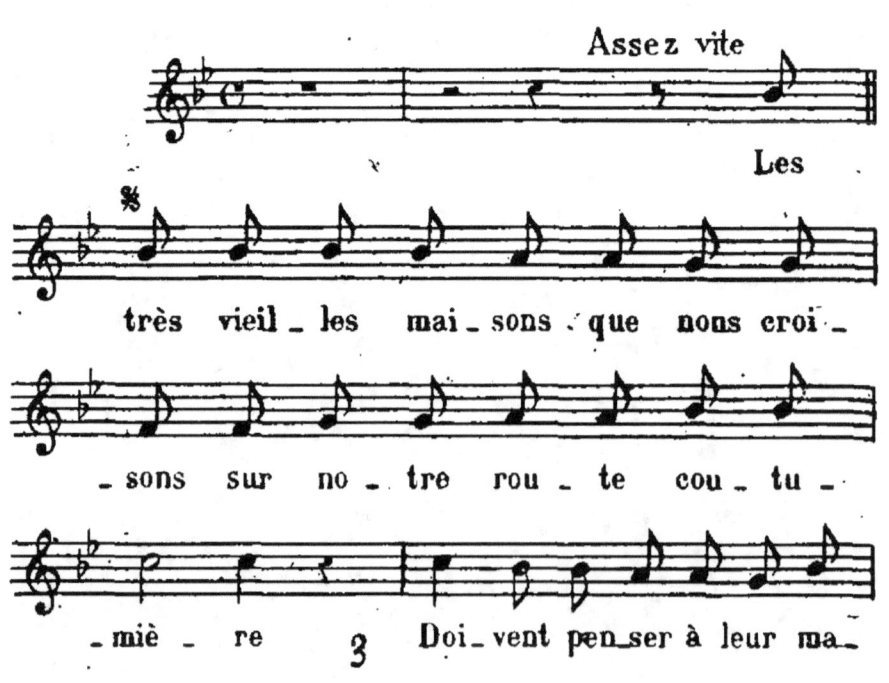

Les très vieil-les mai-sons que nous croi-sons sur no-tre rou-te cou-tu-miè-re Doi-vent pen-ser à leur ma-

BALLADE DES TRÈS VIEILLES MAISONS

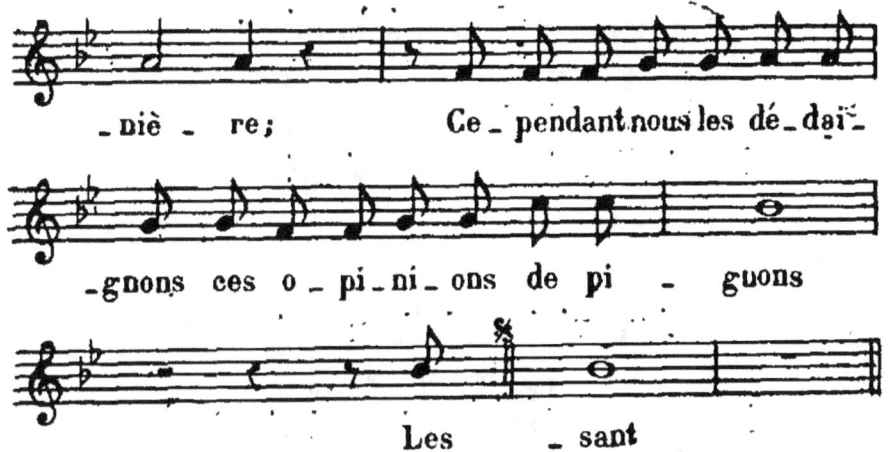

Les très vieilles maisons
    Que nous croisons
Sur notre route coutumière
Doivent penser à leur manière ;
Cependant nous les dédaignons
Ces opinions de pignons !

Les tympans de leurs murs
    Étant très durs,
Elles glissent sous les boutiques,
Comme des cornets acoustiques,
Les soupiraux, ces entonnoirs
Où tombent les voix des trottoirs.

Les très vieilles maisons
    Ont des raisons

De conserver leurs jalousies ;
Aux neuves, ces apostasies :
La Bow-Window, la véranda,
Le store crème ou réséda !

Aux vieilles le bon goût ;
Rien à l'égout !
Bon pour l'immeuble qui rigole
La chasse d'eau dans la rigole !
On sait qu'une honnête maison
Se lave une fois par saison.

Au temps des frondaisons,
Vieilles maisons,
Le chapeau de votre lucarne,
Où la vertu même s'incarne
Sous le voile blanc des hivers,
Nous semble un peu mis de travers.

Vos balcons mamelus
Mais, vermoulus,
Arborent aux printemps folâtres
Entre deux balustres jaunâtres
(Tels deux tétons flétris et las)
De maigres touffes de lilas.

Le soleil, au ciel bleu,
    Vous met en feu.
Dans votre facies de pierre,
L'œil de bœuf cligne la paupière
Et, d'un long regard indécent,
Semble provoquer le passant.

II

LA POLITIQUE

L'Élu de Versailles

L'Élu de Versailles

Air : *Romance Populaire.*

Au palais de nos Présidents,
A la barbe des Prétendants,
Un nouveau sire trône et brille.
S'il était princ' de Gale ou bey
De Tunis, notre Grand Loubet
Aurait bien moins de galoubet,
Mais c'est un bon pèr' de famille,
  De famille !

Loubet vient de Montélimar
Où l'on fait, mieux que nulle part,
Le nougat pistache et vanille
Et mêm' les bonbons à *ligueurs ;*
Pour les rêveurs, les reviseurs,
C'est la trêve des confiseurs ;
Espérons-le pour sa famille,
  Sa famille !

Loubet ne tient pas au Pouvoir,
Mais dès qu'il s'agit d'un devoir
Jamais cet homme ne sourcille.
Brisson, Méline et Deschanel
En ont un regret éternel,
Chacun d'eux, c'est bien naturel,
En f'rait autant pour sa famille,
　　Sa famille.

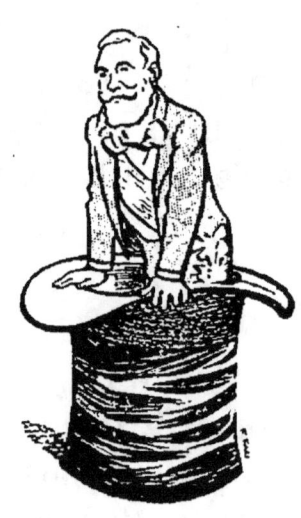

Les Impôts nouveaux

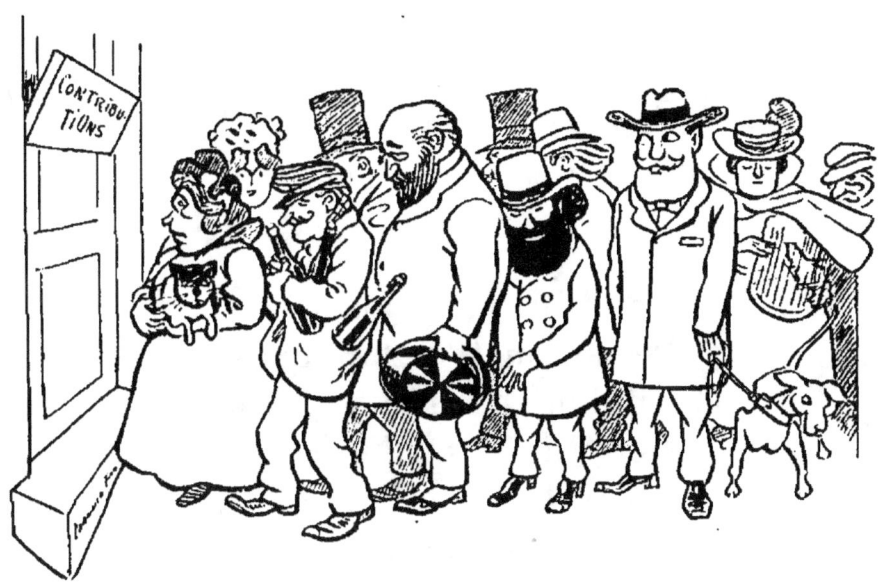

Les Impôts nouveaux

Musique de L. GUETEVILLE et Ad. STANISLAS.

I

On dit que le Gouvernement
  A besoin de galette,
Ça ne rend pas suffisamment,
  L'impôt d' la bicyclette.
    A quoi bon crier,
    Puisqu'il faut payer,
  Faisons-le sans tapage ;
    En bons citoyens,
    Cherchons les moyens
  De payer davantage !

II

L'Etat fabrique, sans succès,
　　Des allumett's chimiques,
(Le public attrap' des procès,
　　L'ouvrier des coliques.)
　　　　Pourquoi ne f'rait-y
　　　　Pas des confetti
　　Que l'on se jette en douche?
　　　　Aux gens trop bégueuls!
　　　　C'est ceux d' l'Etat seuls
Qu'on flanquerait par la... bouche.

III

Le fait d'imposer tout c' qu'on boit
　　Me paraît peu propice,
Au contraire y m' semble qu'on doit
　　N'imposer que c' qu'on... verse.
　　　　On fraud'ra, dit-on,
　　　　Moi je réponds : non!
　　La chose est très pratique;
　　　　Chaque citadin
　　　　Sera pourvu d'un
Compteur Litrométrique.

IV

On nous fait payer pour un chien,
　　Le chien, c'est l'ami d' l'homme !
La femm', pour un chat aussi bien
　　Devrait payer en somme.
　　　　Grues, dindes, pigeons,
　　　　Grenouilles, poissons,
　　Serins de tout' prov'nance,
　　　　Les vach's, les chameaux,
　　　　Tous les animaux
　　Devraient la redevance !

V

Un impôt que j'aurais créé
　　C'est c'lui d' la calvitie ;
A tant par centimètre carré
　　L'État gagn'rait sa vie.
　　　　Les gens trop velus
　　　　Qu'ont du poil en plus
　　Payeraient des patentes.
　　　　Sans faire de pétard
　　　　On trouv'rait quelqu' part
　　Des ressourc's épatantes.

VI

Quand on aura bien imposé
   Le luxe et l'élégance,
P't'êt' qu'un ministère opposé
   Taxera l'indigence.
     Chapeaux défoncés,
     Souliers rapiécés,
   Culott's où l' vent pénètre,
     Habits déchirés,
     S'ront considérés
   Comm' portes et fenêtres !

VII

Depuis vingt ans, aux élections
   Chaque candidat jure
De réduir' les impositions,
   Y'a trop longtemps qu' ça dure !
     Moi, j' crois qu' ça viendra :
     Un jour, on verra,
   D'vant la Législative,
     Les droits dégrevés ;
     Mais, nous s'rons crevés
   Avant que ça n'arrive !

Le DÉGRÈVEMENT des BOISSONS HYGIÉNIQUES

A LA CHAMBRE DES DÉPUTÉS

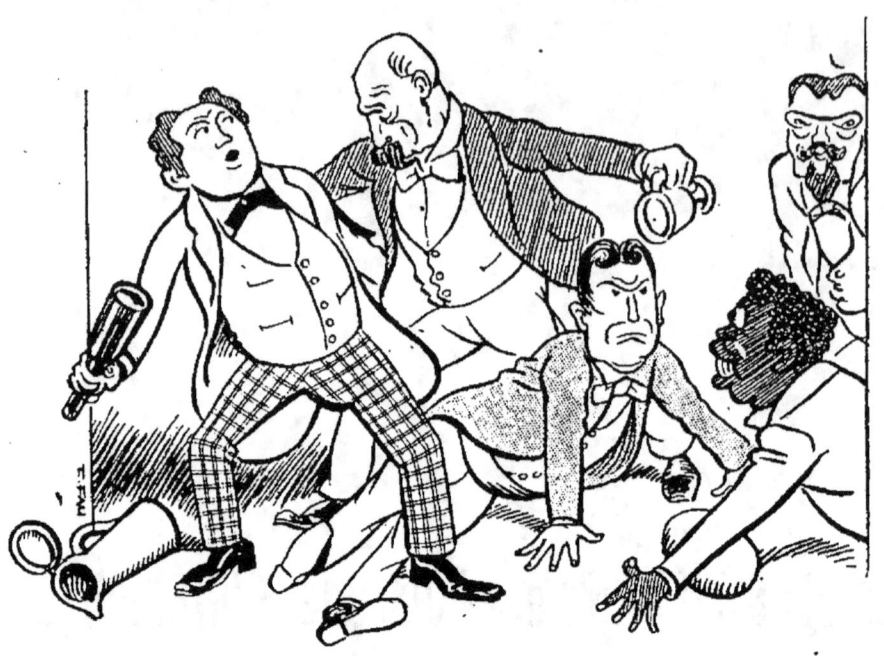

Le Dégrèvement des Boissons hygiéniques
A LA CHAMBRE DES DÉPUTÉS

Musique de G. MARIETTI.

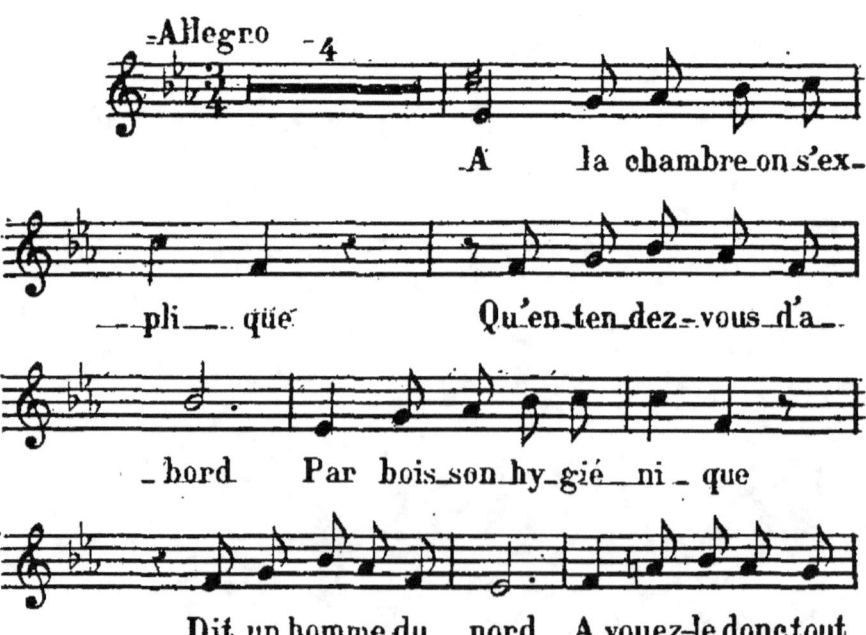

A la chambre on s'ex-pli-que Qu'en-ten-dez-vous d'a-bord Par bois-son hy-gié-ni-que Dit un homme du nord A vouez-le donc tout

LE DÉGRÈVEMENT DES BOISSONS HYGIÉNIQUES

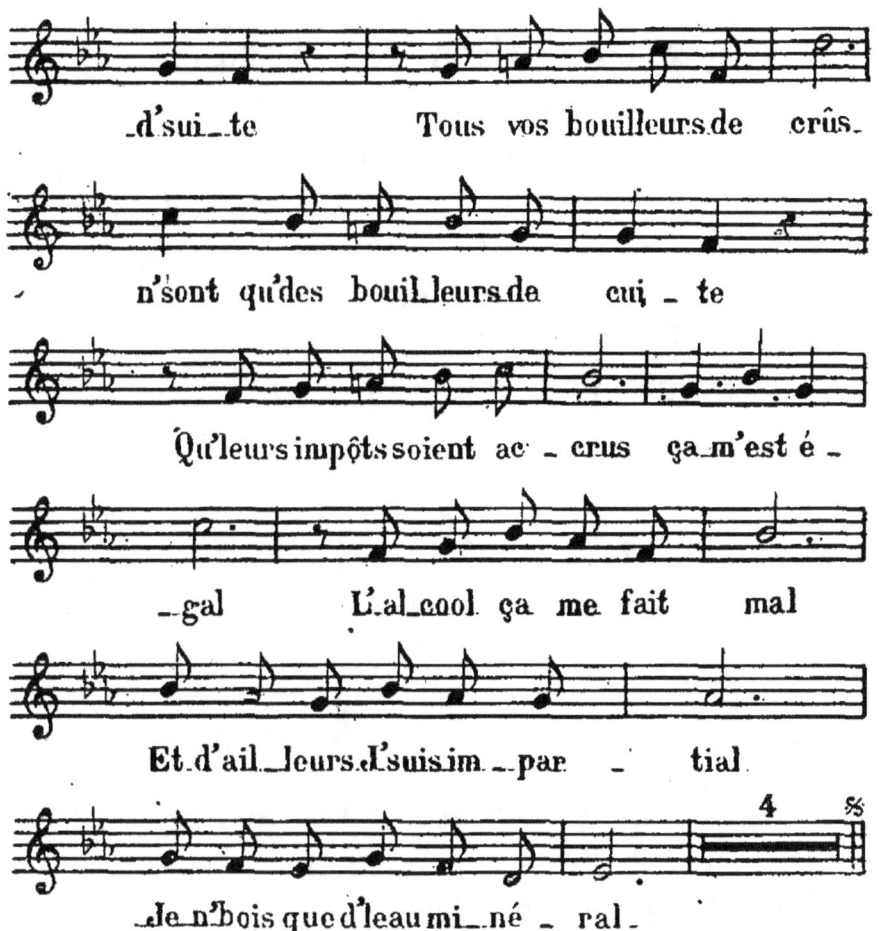

I

A la Chambre, on s'explique :
« Qu'entendez-vous, d'abord,
« Par boisson hygiénique? »
Dit un homme du Nord.

« Avouez-le donc tout d' suite,
« Tous vos bouilleurs de crus
« N' sont qu' des bouilleurs de cuites...
« Qu' leurs impôts soient accrus.

« Ça m'est égal,
« L'alcool ça me fait mal,
« D'ailleurs, je suis impartial,
« Je n' bois que d' l'eau minéral' ! »

II

Aussitôt m'sieur *Narbonne*
Vient défendre son bien.
Le député d' Narbonne
S'y connaît ; nom d'un chien !
En termes énergiques
Il dit : « On cherche en vain
« D'aut' boissons hygiéniques,
« La seule c'est le vin.

« Frappez plutôt
« La sal' boisson d'Yvetot ;
« Puisqu'on le sert dans un pot
« Le cidre a besoin d'impôt. »

III

De la Seine-Inférieure
Se dress' le *Chevallier*
Qui dit : « N' faut pas qu'on s'leurre
« Sur le jus du pommier,
« Le cidre pur embaume,
« C'est sain, c'est frais, c'est blond.
« Au lieu de frapper la *paume*,
« Tapez sur le houblon !

« La bièr' n'a pas
« Pour mon palais trop d'appas ;
« Je n'en bois pas à mes r'pas,
« Ca me dégoût', c'est trop gras ! »

IV

« On entend, dans la Chambre,
   Un ouragan du Nord,
C'est *Plichon*, fier sicambre
   Dont le sourire mord :
« Messieurs ! soyons intègres,
   « La bièr' ça c'est sacré,
« Imposons les vinaigres
   « Des mouches abhorrés.

« La bièr', Messieurs,
« C'est le breuvage des dieux.
« Le vinaigre c'est odieux
« Quand on s'en fourr' dans les yeux !

V

Légitimus s'élance
Bondissant sur les bancs
Vers Plichon il s'avance
Riboulant des yeux blancs :
« Qu'est-c' que toi dir', sal' maigre ?
« Toi raisonn' comm' tambou !
« Si toi bêcher li nègre
« Moi ti cogner bambou !

... Tout s'expliqua,
Deschanel les sépara.
La séanc' fut l'vé' c' jour-là
Sur un air de bamboula.

« Bam-ji, Bam-jo,
Répétait le bon négro,
« Moi jamais payer d'impôt,
« Moi toujou boir' du coco ? »

La Repopulation

La Repopulation

Musique de G. MARIETTI.

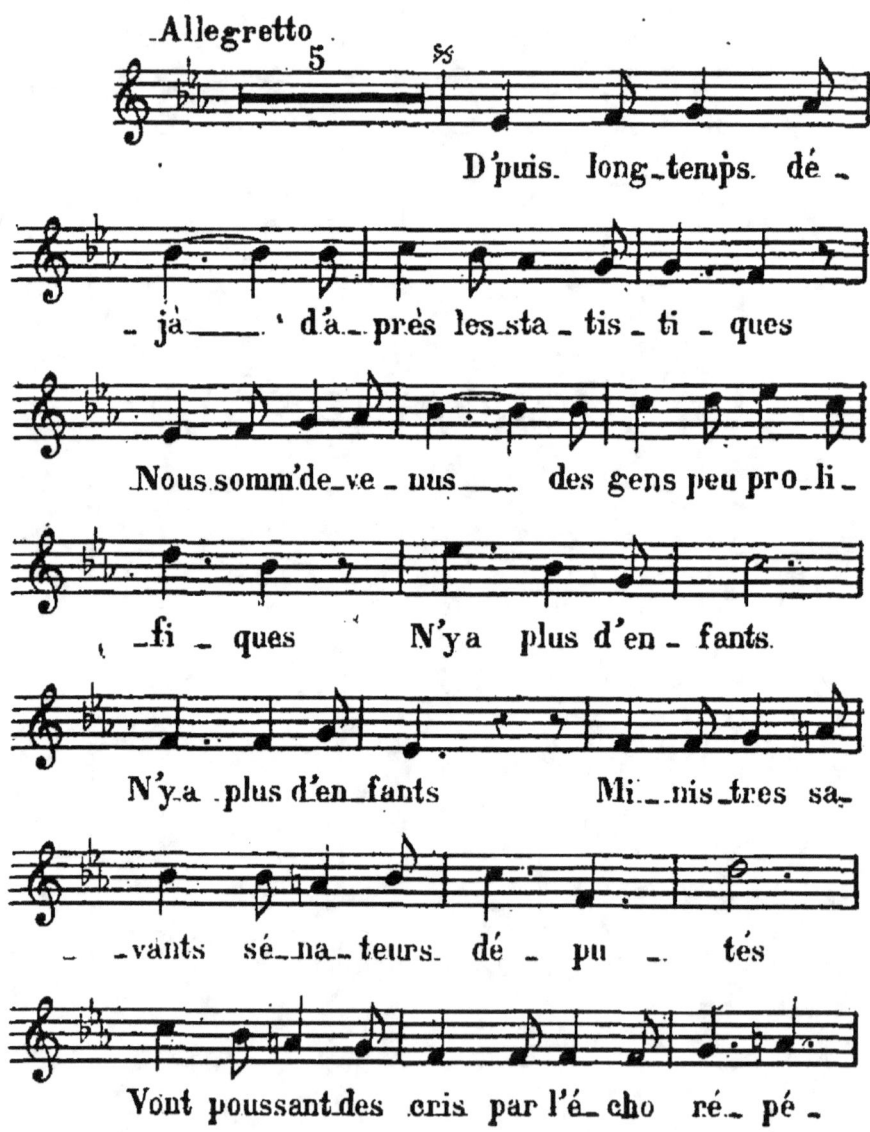

LA REPOPULATION

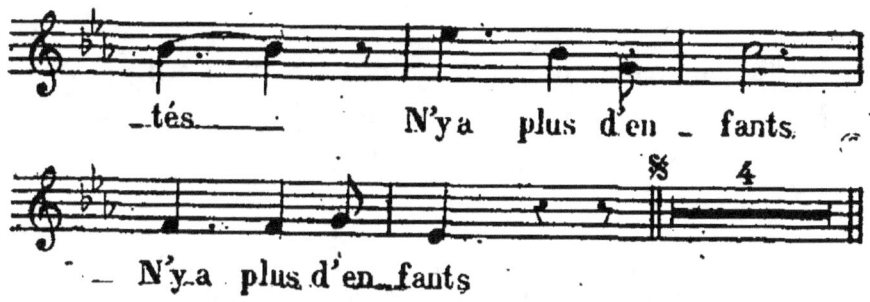

D'puis longtemps déjà, d'après les statistiques,
Nous somm's devenus des gens peu prolifiques.
   N'y a plus d'enfants !

Ministres, savants, sénateurs, députés,
Vont poussant des cris, par l'écho répétés :
   N'y a plus d'enfants !

Cependant, partout, sur les boul'vards, les places,
On voit des tableaux : *Sag'-femm' de premièr' classe !*
   N'y a plus d'enfants !

Cell's de deuxièm' class' ne faisaient qu' l'accouch'ment,
C'est pour ça qu'ell's ont disparu complèt'ment.
   N'y a plus d'enfants !

On cherch' des moyens pour exciter les masses ;
Béranger r'command' du poivr' dans les paillasses,
   N'y a plus d'enfants !

L'État, par ménage en voudrait au moins dix,
Mais l' pèr' de famill' lui répond : « Quo Vadis ? »
      Pas tant d'enfants !

Notre grand Rostang s'attèle à la besogne,
Comme suite à l'*Aiglon* il fait : la *Mèr' Gigogne*
      Qu'a tant d'enfants !

Sardou, que tracass' le succès de « l'Aiglon »,
Termine un beau dram', titré : *Sous l'Aigledon*
      ou *Des Enfants !*

Le ministre Leygu's, donne, à titre d'étude,
Comm' sujet d' concours au brevet d'aptitude :
      « N'y a plus d'enfants ! »

Et dans son désir d' voir des goss's à foison
Il autoris' mêm' les mauvaises liaisons
      Qu'ont quat' z'enfants.

Monsieur Mougeot, lui, propos' le Téléphone :
« Au milieu d' la nuit, crac ! V'là qu' ça carillonne.
      Ah ! mes enfants !

« L'époux se réveille en jurant : Sal' grelot !
« Court à l'appareil, prend l' récepteur : Alo !
   (Imitant une voix dans le téléphone :)
      N'y a plus d'enfants !

(¹) Eureka !! Mil'rand, not' nouvel Archimède,
A trouvé, je crois, un merveilleux remède :

Premier enfant !
Les palmes académiqu's à la Maman,
Au Papa le mérite agricol', seul'ment.

Deuxième enfant !!
Les époux reçoiv'nt l'Instruction publique
Et la médaill' des vieux ouvriers d' fabrique,

Troisième enfant !!!
Seront décorés de la Légion d'honneur :
L' pèr', la mèr', l' cousin, la nourric', l'accoucheur.....
Et mêm' l'enfant !!!!

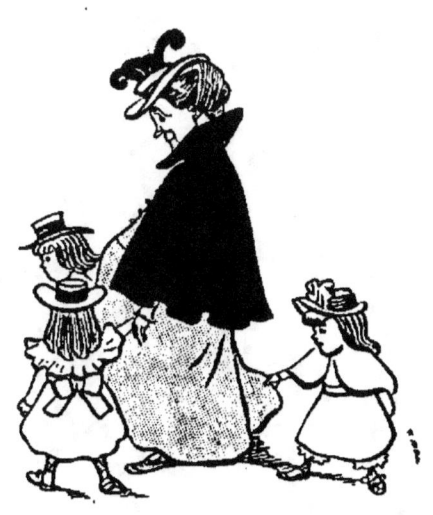

1. Ces dernières strophes peuvent être déclamées.

Le Ministre incassable

Le Ministre incassable

Air : *Cadet-Rousselle.*

Waldeck Roussel a trois drapeaux
Deux pour les Chambr's, un pour... la peau,
Et souvent, soit dit sans reproche,
Il les met tous trois dans sa poche

    Ah ! ah ! ah ! mais vraiment,
    Waldeck Roussel a du talent !

Waldeck Roussel lanc' trois discours,
Qu'il fait placarder tous les jours.
De ce qu'il dit, lui-même s'en fiche,
Car c'est nous qui payons l'affiche.

    Ah ! ah ! ah ! mais vraiment,
    Waldeck Roussel a du talent !

Waldeck Roussel a trois Mil'rands,
Un pour le Peuple, un pour les Grands,
L' troisièm' donne, à la régalade,
Des croix d'honneur aux camarades,

Ah ! ah ! ah ! mais vraiment,
Waldeck Roussel a du talent !

Waldeck Roussel a tant d'amis
(Le Père du Lac non compris),
Qu'il se fait suiv' par cent cass'roles
Pour empêcher qu' tout l' mond' l'accole,

Ah ! ah ! ah ! mais vraiment,
Waldeck Roussel a du talent !

Waldeck Roussel n'a qu'un dada
(Plus modeste qu'un réséda),
Trois fois par jour il nous l'explique,
C'est c'lui d' sauver la République,

Ah ! ah ! ah ! mais vraiment,
Waldeck Roussel a du talent !

Waldeck Roussel est très correct,
En tout il est très circonspect,
Dans sa gorg' le mot : socialisme
Roucoule comme un gargarisme.

Ah ! ah ! ah ! mais vraiment,
Waldeck Roussel a du talent !

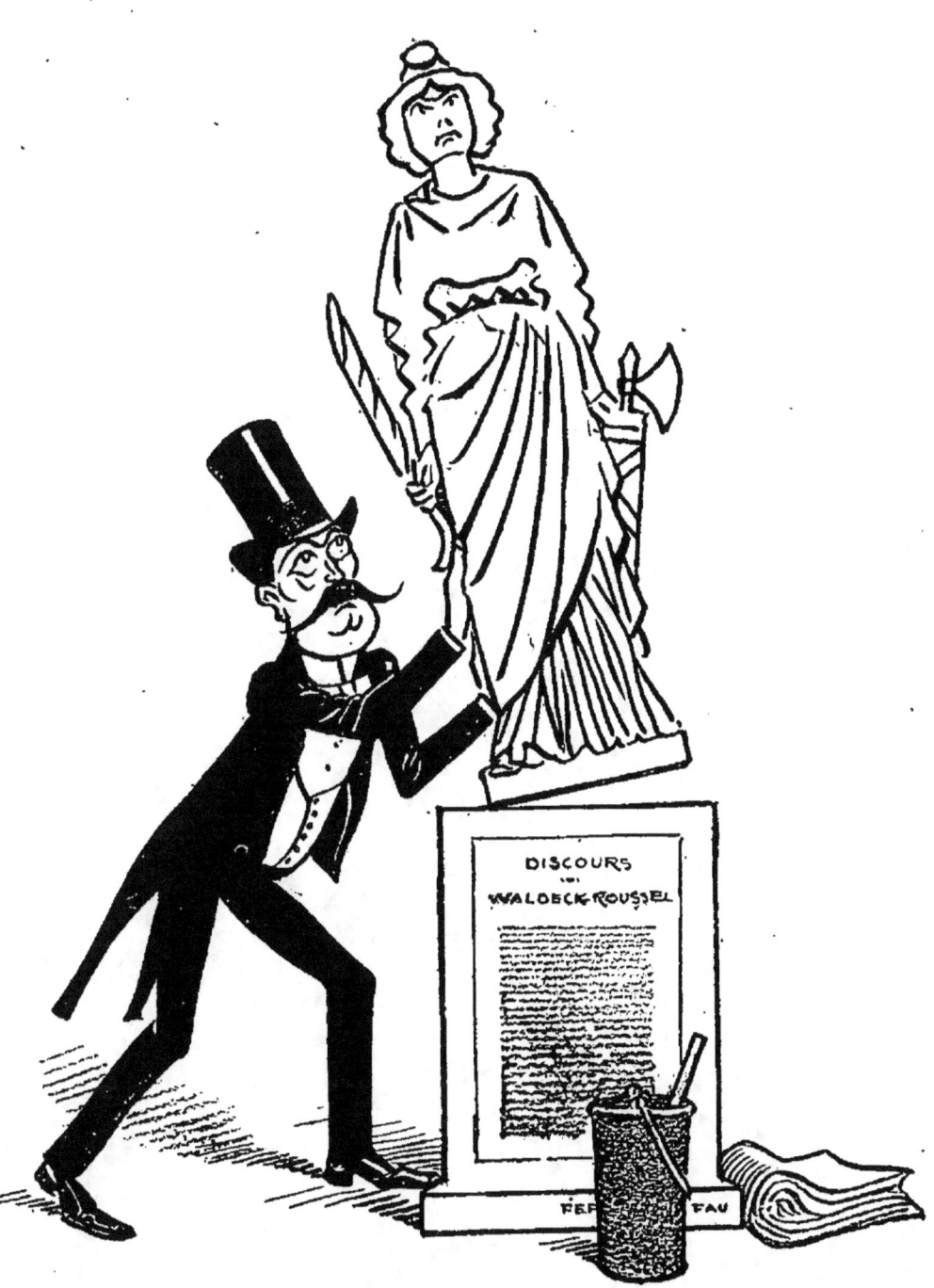

Monsieur Waldeck est éternel,
Éternel est Monsieur Roussel,
A l'Exposition prochaine
On entendra la mêm' rangaine :

    Ah! ah! ah! mais vraiment,
    Waldeck Roussel est épatant !

Le Nouveau Conseil municipal

Le Nouveau Conseil municipal

Musique de G. MARIETTI.

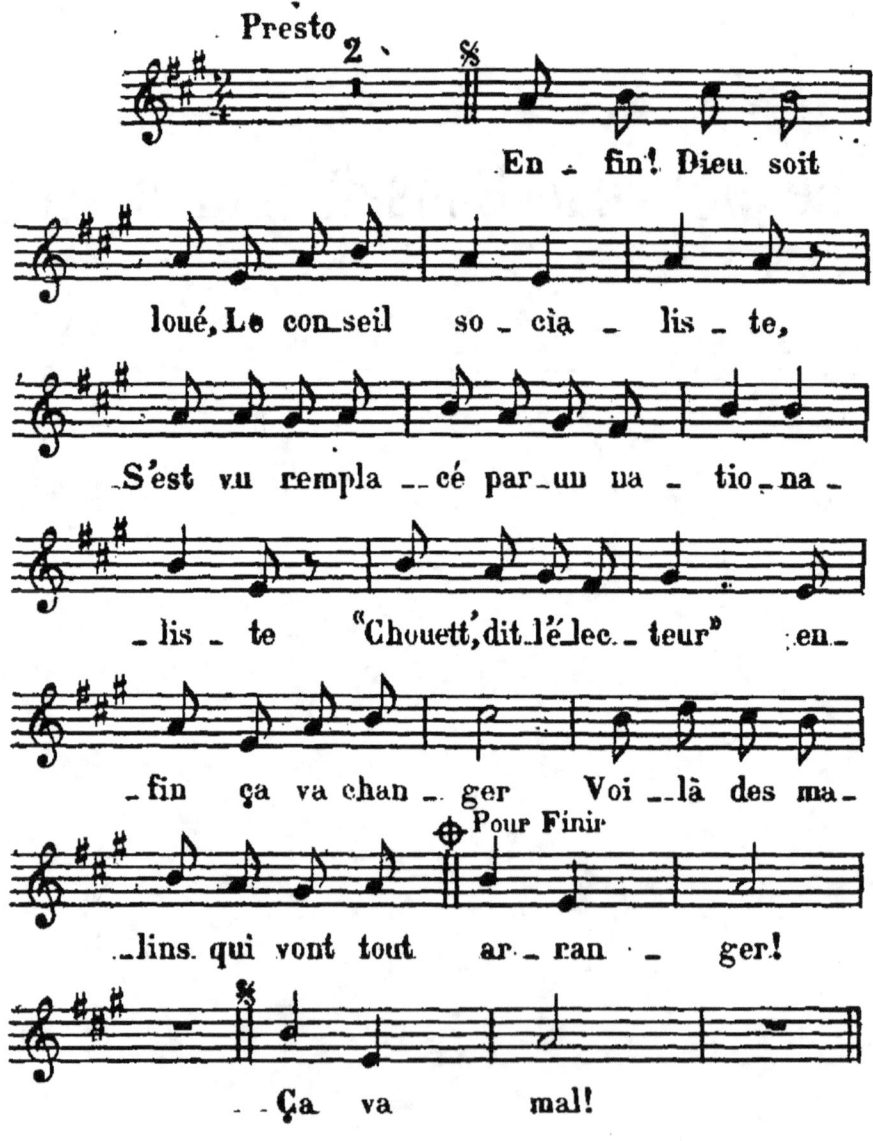

Enfin ! Dieu soit loué, le Conseil soci*alisse*
S'est vu remplacer par un nation*alisse*.
« Chouett', dit l'électeur, enfin, ça va changer
« Voilà des malins qui vont tout arranger ! »

Quand nous les avions, ces affreux socialisses,
Nous devions casquer à leurs moindres caprices ;
Les nationaliss' au moins, c'est bien plus chic,
A casquer autant invit' le bon Public.

Nous les avons vus, ces affreux socialisses,
Toucher six mill' ball' pour prix de leurs services ;
Les nationaliss' ceux-là sont bien plus francs
Pour prix d' leurs servic's ne touch'nt que six mill' francs

La question du Gaz ! tous ces sal's socialisses,
La laissaient d' côté pour qu' leurs poch's se remplissent ;
Les nationaliss' c'est plus intelligent
La laiss'nt de côté ; mais n' touch'nt pas moins d'argent.

Les a-t'on blagués, ces affreux socialisses
Avec leurs grands bals où's qu'y f'saient les Jocrisses ;
Les nationaliss' quand y nous offr'nt un bal
C't à en fair' roter la garde municipal'.

Y n' s'entendaient pas, entre eux, les socialiss',
Y gueulaient toujours après l' Préfet d' Police ;
Les nationaliss', entre eux font du bouziu
Et Monsieur Lépin'? n' doit pas êtr' leur cousin.

Bref, tant qu'y aura (c'est pas près qu' ça finisse !)
Un Conseil social-isse ou national-isse
Le brave électeur, cett' poir' de l'Idéal,
Dira : plus çà change et plus tout çà va mal !

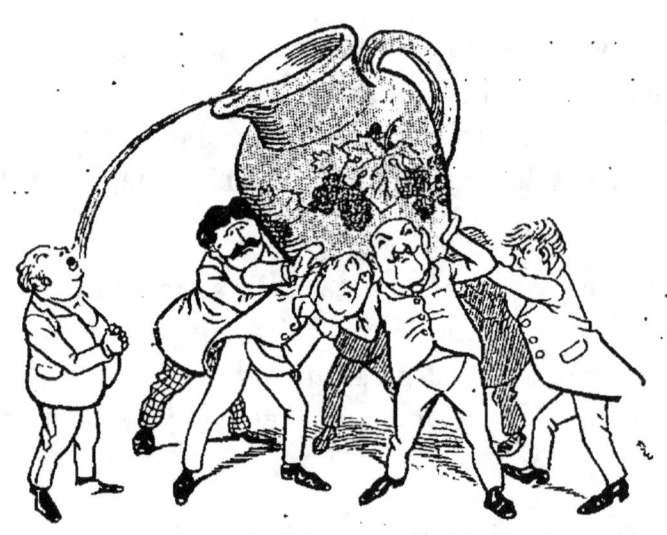

III

L'AMOUR

La Partie de Volant

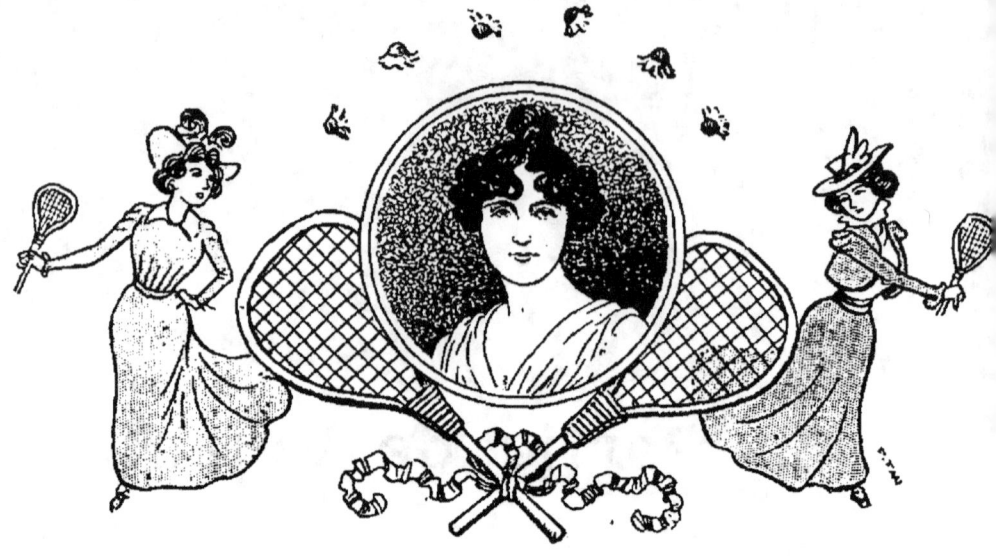

La Partie de Volant

Musique de Henri CHATAU (¹).

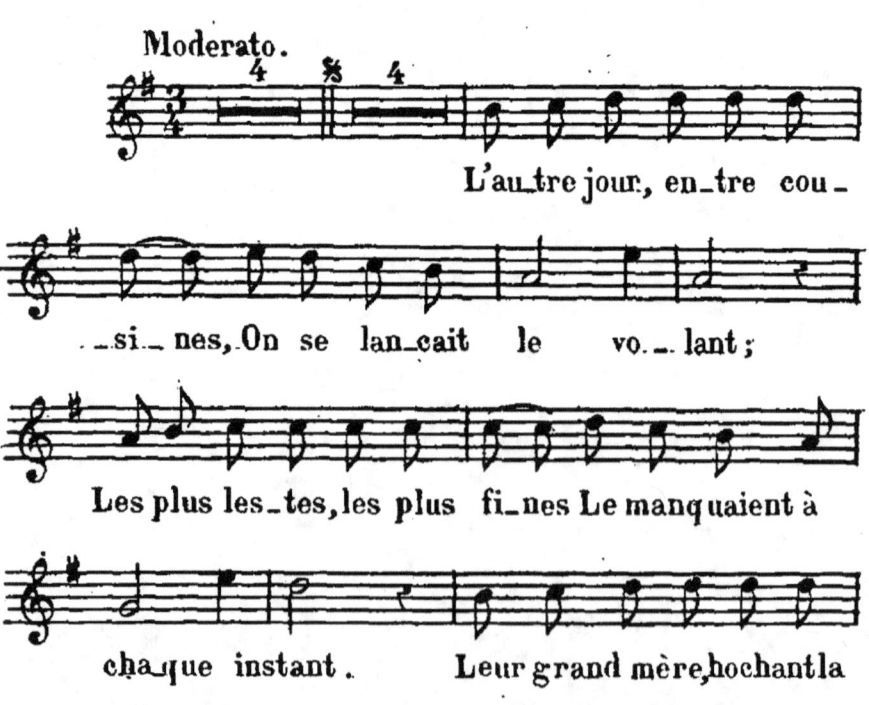

L'au_tre jour, en_tre cou__si_nes, On se lan_cait le vo__lant; Les plus les_tes, les plus fi_nes Le manquaient à chaque instant. Leur grand mère hochant la

1. Publiée avec l'autorisation de M. E. Meuriot, éditeur, 18, boulevard de Strasbourg, Paris.

LA PARTIE DE VOLANT

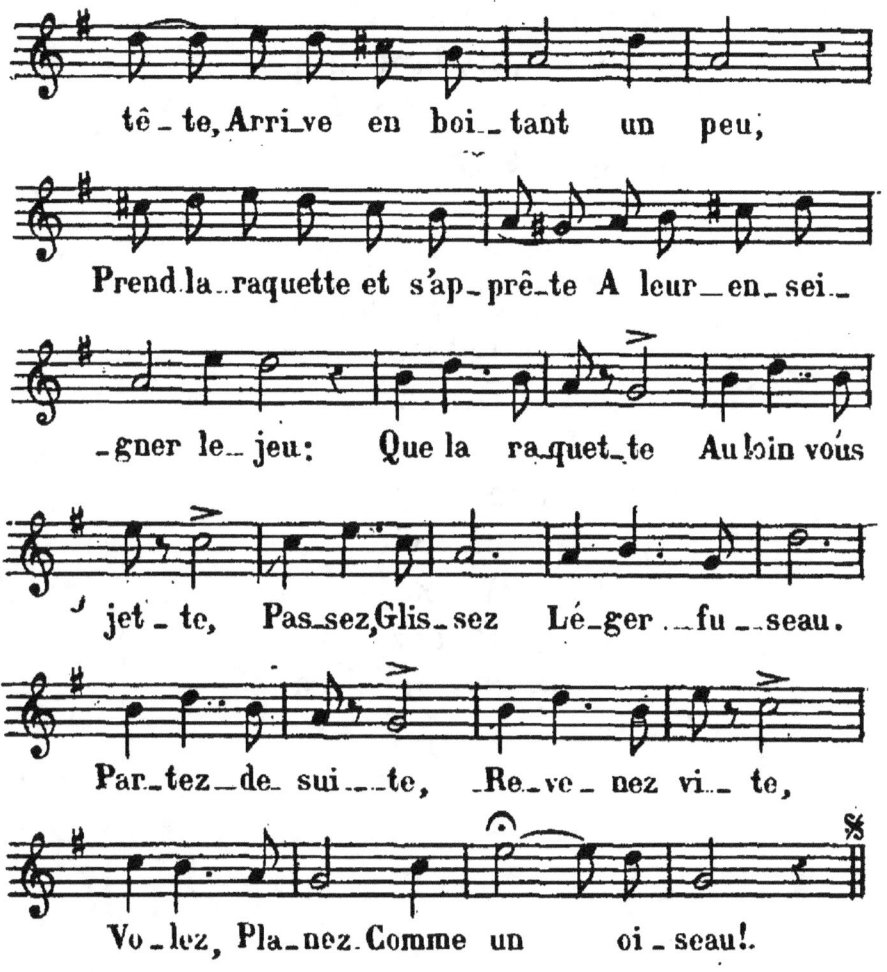

tê-te, Arrive en boi-tant un peu, Prend la raquette et s'ap-prê-te A leur en-sei-gner le jeu: Que la raquet-te Au loin vous jet-te, Pas-sez, Glis-sez Lé-ger fu-seau. Par-tez de sui-te, Re-ve-nez vi-te, Vo-lez, Pla-nez. Comme un oi-seau!..

I

L'autre jour, entre cousines,
On se lançait le volant,
Les plus lestes, les plus fines
Le manquaient à chaque instant.

La grand'mère, hochant la tête,
Arrive en boitant un peu,
Prend la raquette et s'apprête
A leur enseigner le jeu :

  Que la raquette
  Au loin vous jette,
   Passez,
   Glissez,
  Léger fuseau,
  Partez de suite,
  Revenez vite,
   Volez,
   Planez
  Comme un oiseau !

II

« Quelle grâce et quelle adresse ! »
Font-elles, en la voyant,
« Ce jeu, dans votre jeunesse,
« Était donc bien attrayant ? »
« — Dans ce temps-là, mes fillettes,
« Les hommes étaient galants,
« Et nous contaient des fleurettes
« En renvoyant le volant. »

Mon cœur, mignonne,
Je vous le donne,
   Passez,
   Glissez
Vers mes amours.
Si l'on vous chasse,
Soyez tenace,
   Volez,
   Planez,
Aimez toujours !

III

Aussitôt la plus hardie
En rougissant demanda :
« Dites-nous, mère chérie,
« Que répondiez-vous à ça ? »
« — Un jour, une voix plus tendre
« Chez moi, fit naître l'amour,
« Et l'on aurait pu m'entendre
« Dire, tout bas, à mon tour :

   Que ma raquette
   Au loin vous jette,
      Passez,
      Glissez,
   Volant léger.

Donnez l'ivresse
D'une caresse
 Frôlez,
 Grisez
Comme un baiser !

IV

« Ce joueur, ce fut grand-père,
« Ah ! dieux ! le joli garçon ! »
« — Était-il adroit, grand'mère ? »
« — Chacun l'est à sa façon.
« Son volant, exprès, je gage,
« Retombait sur mes appas,
« Mais pour nous, suivant l'usage,
« Ce jeu-là ne comptait pas. »

Sur vos raquettes,
Belles coquettes,
 Posez,
 Pesez
Un tendre aveu.
Si d'un coup d'aile
L'amour s'en mêle,
 Laissez
 Passer,
Il perd au jeu !

Les Frissons

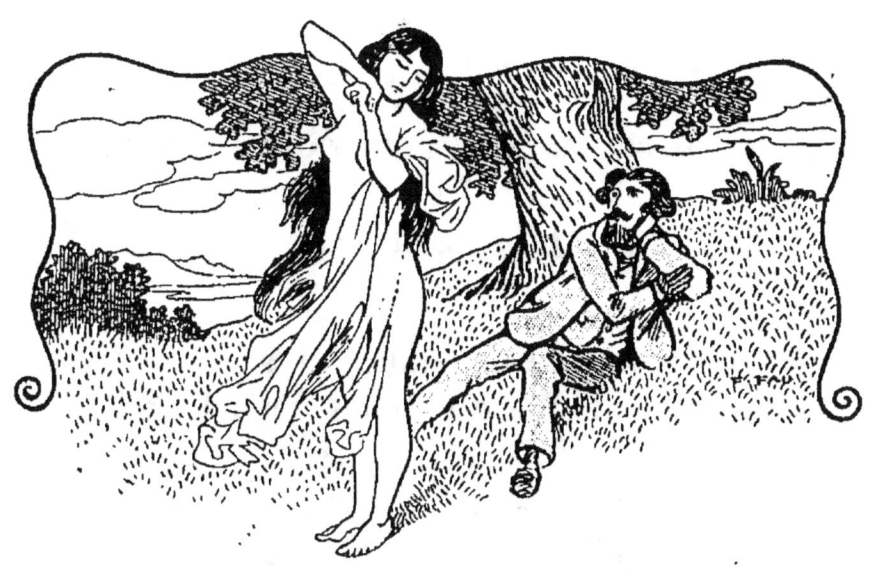

Les Frissons

MUSIQUE DE A. MORIAS.

Oh ! les adorables frissons
Qui nous promettent des moissons
    De baisers tendres,
Ils viennent colorer le teint,
Ainsi qu'un foyer mal éteint
    Rougit les cendres.

Frissons d'amour mêlé d'effroi,
Vous peignez jusqu'au désarroi
    D'un cœur de nonne,

A cet instant, nous voyons clair :
C'est le sourire de la chair
    Qui s'abandonne !

Quand de ta nuque à tes talons,
Sous le flot de tes cheveux longs
    Ton corps frissonne,
Je crois saisir entre mes bras
Les ailes d'un oiseau très gras
    Que j'emprisonne.

Nos regards pourront se voiler,
Elle pourra ne plus parler,
    Ta bouche close,
Je saurai toujours, à tâtons
Chercher l'aveu de tes frissons
    Sous ta peau rose.

Ton cœur !

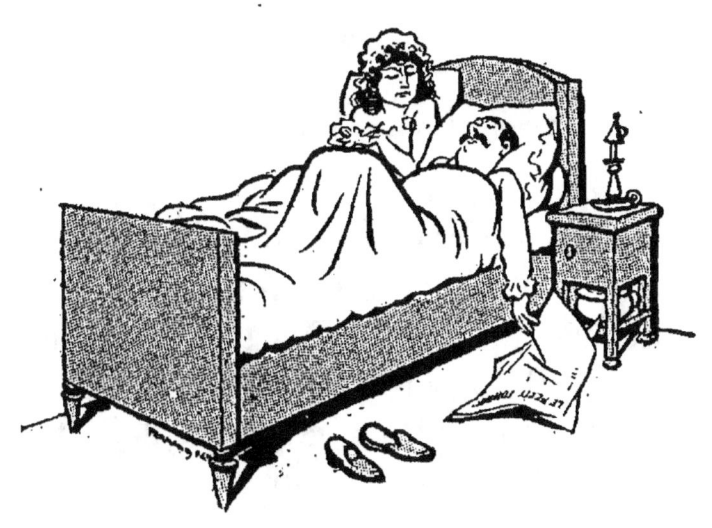

Ton cœur!

Musique de G. MARIETTI.

I

Pourrai-je oublier jamais la soirée,
　　Déjà loin de nous,
Où j'étais assise et toute éplorée,
　　Sur tes deux genoux ?
Tu me parlais de ta flamme éternelle...
　　D'éternel bonheur !
Tu me pressais fort et, sous ta flanelle,
　　Je sentais ton cœur.

II

Je sentais ton cœur bondir d'allégresse,
    Dans un baiser fou,
Et, dès cet instant, je fus ta maîtresse,
    De la tête au... cou.
Ah! comme il battait, ce cœur plein de charmes,
    Tapin des amours,
Quand vint nous surprendre ma mère en larmes;
    Il battait toujours.

III

Le soir de la noce il battait encore,
    Quoique faiblement.
Je n'entendais plus, lorsque vint l'aurore,
    Que ton ronflement.
Mais j'appris alors à le faire battre
    Jusqu'au lendemain.
Et, pour le sentir sauter comme quatre;
    J'y mettais la main.

IV

Chaque émotion, douce ou violente,
    Faisait palpiter
Ton cœur amoureux, ma verve méchante
    Savait l'exciter.

Bref, il a battu dix ans à la file
      Avec grand·succès,
Il eut même un jour (tu t' rappell' Emile?)
      Jusqu'à dix accès!!!!!!!!!!

V

Hélas! aujourd'hui, je ne sais que faire,
      Ton cœur ne bat plus!
Mais pourquoi parler à qui veut se taire!
      Regrets superflus!
Autrefois, sensible aux moindres reproches
      T'avais le cœur gros.
A présent, tu dis, les mains dans les poches,
      Que t'en as plein l' dos.

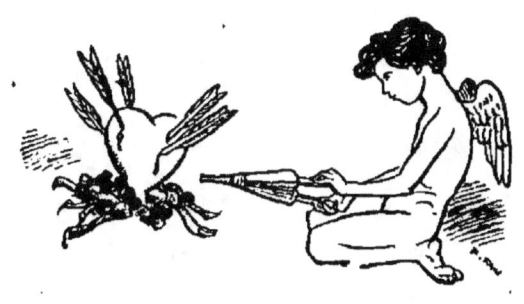

Lettre à ma petite femme

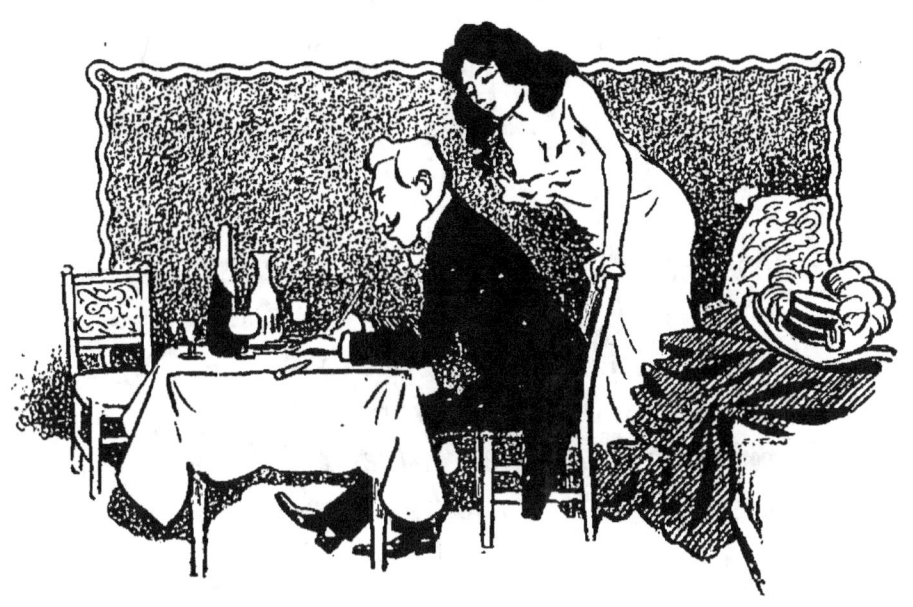

Lettre à ma petite femme

Musique de G. MARIETTI.

I

Chèr' petit' femm',

D'puis qu' t'es partie,
Si tu savais comme j' m'ennuie.
(Ça n'empêch' pas qu' c'est rud'ment bon
D'êtr' débarrassé d' son crampon.)
Un mois seul'ment? non, quand j'y pense
Je n' peux pas m' faire à ton absence.
(Dépêchons-nous d'griffonner ça,
J'ai rendez-vous avec Clara.)

II

J' suis sûr que là-bas tu t'amuses!
Ici nous vivons comm' des buses...
(Etant garçon, c'est épatant!
Je ne rigolais pas autant.)
Après l' bureau, je rentre et j' dîne,
Puis vers mon lit je m'achemine
(En m'arrêtant, comm' par hasard,
Au *Moulin Rouge* et aux *Quat-z-Arts*.)

III

Le croirais-tu, ma chèr' Ninie,
Mes nuits sont pleines d'insomnies...
(J' crois bien, nous rentrons au p'tit jour
Et Clara d'meure au Point du Jour.)
Si t'étais là, dans ta couchette,
J'irais t' faire un' petit' causette...
(C'est drôle, est-c' l'effet du printemps,
Avec Clara je caus' tout l' temps!)

IV

Et toi, dis-moi comment tu t' portes,
Tes hanch's sont-ell's un peu plus fortes?...

(Quand on en a d' trop, c'est gênant,
Pas du tout, c'est insuffisant.)
J'espèr' que la brise marine
Aura dév'loppé ta poitrine.
(Oh! puis, les poir's, vrai! c'est rasant;
Je préfèr' les pomm's, à présent.)

V

Pour rev'nir, n' te press' pas, chérie,
Attends qu' la saison soit finie.
(Je lui dirai la prochain' fois
Qu'ell' peut rester encor six mois.)
Reçois les baisers par cent mille
De ton époux fidèle,

      Emile.

(Pourtant, si j' suis trop esquinté,
J' la f'rai r'venir... pour ma santé.)

Chez l'Avocat

Chez l'Avocat

Musique de E. BASTIN.

I

Un jour une petit' femme,
Lass' de toujours céder,
Contre un époux infâme,
Se décide à plaider.
Afin que l'on condamne,
Sûrement, son bourreau,
Ell' va chez le plus crâne,
Des membres du Barreau.

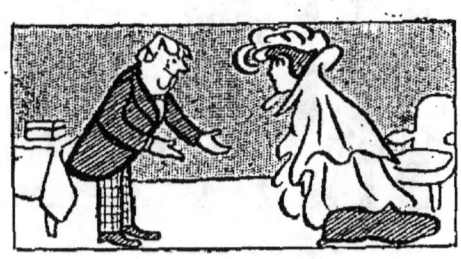

II

C'était un jeune maître,
Il la reçut très bien :
« Je n' crois pas vous connaître,
Dit-il, mais, ça n' fait rien. »
— Monsieur, c'est un divorce.
— Madam', c'est délicat,
Il faudrait, à tout' force,
M'exposer votre cas.

III

A ces mots, la cliente
Laiss' glisser son manteau,
Gentiment se dégante
Et retir' son chapeau.
Son joli corps ondule
Plein d'un chic épatant
Et puis, sans préambule,
Tout d' suite elle s'étend...

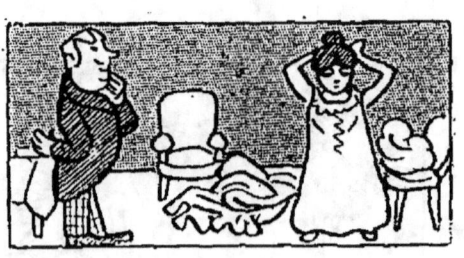

IV

Ell' s'étend sur les causes
D' son ménag' malheureux,
Ell' raconte des choses
A fair' dresser les ch'veux.
L'avocat n'est pas chauve
Et ça lui fait d' l'effet ;
Aux secrets de l'alcôve
Il prend de l'intérêt.

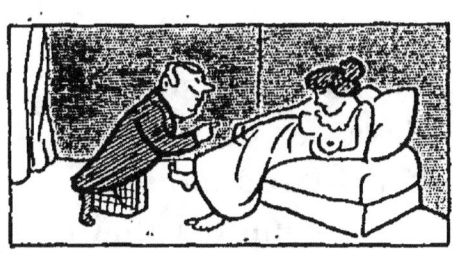

V

« Votre mari, d'vant vos charmes,
Dit l'avocat subtil,
« Mettrait-il bas les armes ?
« Quell' conduite tient-il ? »
— « Ah ! répond l'ingénue,
« Monsieur, vous pensez bien,

« Il n'a pas de tenue,
« Il manque de maintien. »

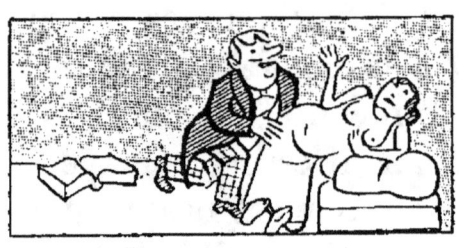

VI

L'avocat prit des notes
Et piocha le dossier,
Il releva des cotes,
Bref, il fit son métier.
Quand il connut l'affaire
Depuis A jusqu'à Z,
Il lui disait : « Ma chère »,
Ell' l'appelait « Alfred ! »

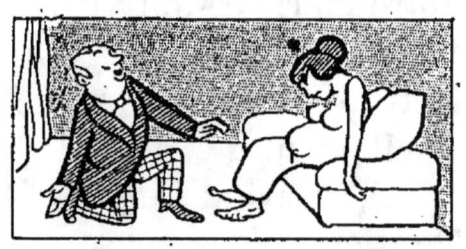

VII

Grâce à leur diligence,
Ce fut la premièr' fois
Que l'on vit une instance
Aboutir en neuf mois.
Mais... par les adversaires
Le procès fut gagné
Et pour ses honoraires
Alfred eut un bébé !

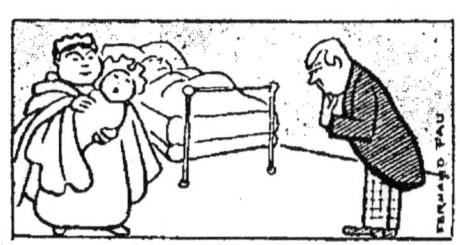

La Morte-Saison

La Morte-Saison

Musique de G. MARIETTI.

I

En Juillet, pendant qu' la pratique
  Se tremp' dans la mer,
Dès huit heur's, on clôt la boutique
  D'un rideau de fer.
Le patron bâille et la patronne
  Bâille à l'unisson...
On envoi' se coucher la bonne :
  C'est la mort'-saison !

II

Les bourgeois vont à la fenêtre
  Humer le serein
Puis, leur soif de plaisir champêtre
  N'connaissant pas d' frein,

Ils contemplent des heur's entières
    Un coin d' l'horizon ;
(Un mouchoir entre deux gouttières)
    C'est la mort'-saison !

III

Monsieur song' à la p'tit' modiste
    De la rue d'Antin
Il voudrait être réserviste
    Jusqu'à d'main matin,
Et madame, que tout énerve,
    Pense à « c' pauv' garçon »
Son cousin, qu'est dans la réserve...
    C'est la mort'-saison !

IV

Les bourgeois aperçoiv'nt un groupe
    En bas dans la cour ;
Ils r'connaiss'nt leur bonne à sa croupe
    La nuit comm' le jour.
Elle rentre avec un' cousine...
    De la garnison.
Dans l'Armée et dans la Cuisine
    Y' a pas d'mort'-saison !

V

Quand monsieur ferme les persiennes,
    Madame est au lit,
Et, ma foi, monsieur fait des siennes...
    Sans grand appétit,
Mais madame, qu'un rien étonne,
    En cherch' la raison...
Puis s'endort et, tout bas, marmonne :
    C'est la mort'-saison !

Au Restaurant de Cupidon

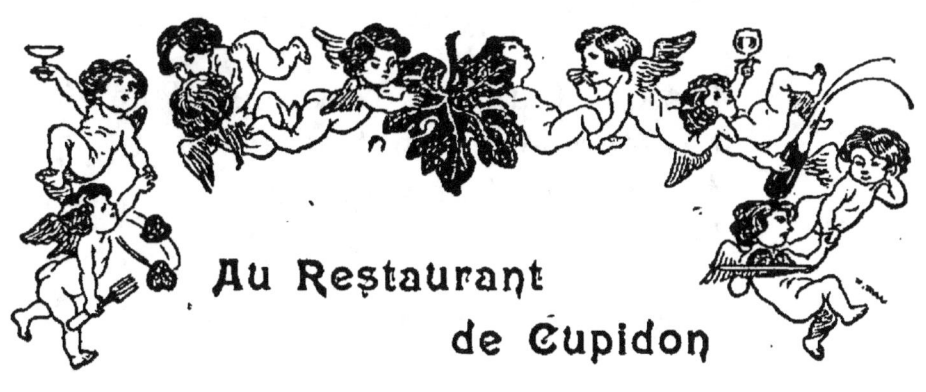

Au Restaurant de Cupidon

MUSIQUE DE LOUIS GUETEVILLE.

I

Au restaurant de Cupidon,
La digue digue la digue don !
La clientèle est fort changeante,
Mais elle n'est pas exigeante,
Les cabinets sont très étroits,
On y tient deux, mais jamais trois.
Au restaurant de Cupidon,
La digue digue la digue don !

II

Au restaurant de Cupidon,
La digue digue la digue don !
Pour deux vous n'avez qu'une assiette,
Un' feuill' de vigne pour serviette,

Presque toujours, c'est imprudent.
Les fourchettes n'ont qu'une dent,
Au restaurant de Cupidon,
La digue digue la digue don

III

Au restaurant de Cupidon,
La digue digue la digue don !
Point de fritur' ni de marée,
C'est à vous de fair' votre entrée ;
Vous fait's, si vous êtes gourmand,
Entre chaqu' plat le trou normand,
Au restaurant de Cupidon,
La digue digue la digue don !

IV

Au restaurant de Cupidon,
La digue digue la digue don !
Le seul mets qu'on prépar' d'avance,
C'est un beau plat de résistance ;
Cela se sert dans un corset
Dont il faut défair' le lacet,
Au restaurant de Cupidon,
La digue digue la digue don !

V

Au restaurant de Cupidon,
La digue digue la digue don !
L' poulet se mang' de cent manières :
On sert les cuisses aux rosières,
L'un prend le cou, l'autre le flanc,
On en voit mêm' qui mang'nt le blanc,
Au restaurant de Cupidon,
La digue digue la digue don !

VI

Au restaurant de Cupidon,
La digue digue la digue don !
Sans boire Bordeaux ni Bourgogne
On devient un parfait ivrogne,
Chaque fossett' vaut un flacon,
Car on y trouv' l'ivresse au fond...
Au restaurant de Cupidon,
La digue digue la digue don !

VII

Au restaurant de Cupidon,
La digue digue, la digue don !

Ce sont des caress's qu'on dévore,
Quand y'en a plus y'en a encore ;
Si haut que la not' puiss' monter,
On la solde avec un baiser,
Au restaurant de Cupidon,
La digue digue la digue don !

Cruel Dépit

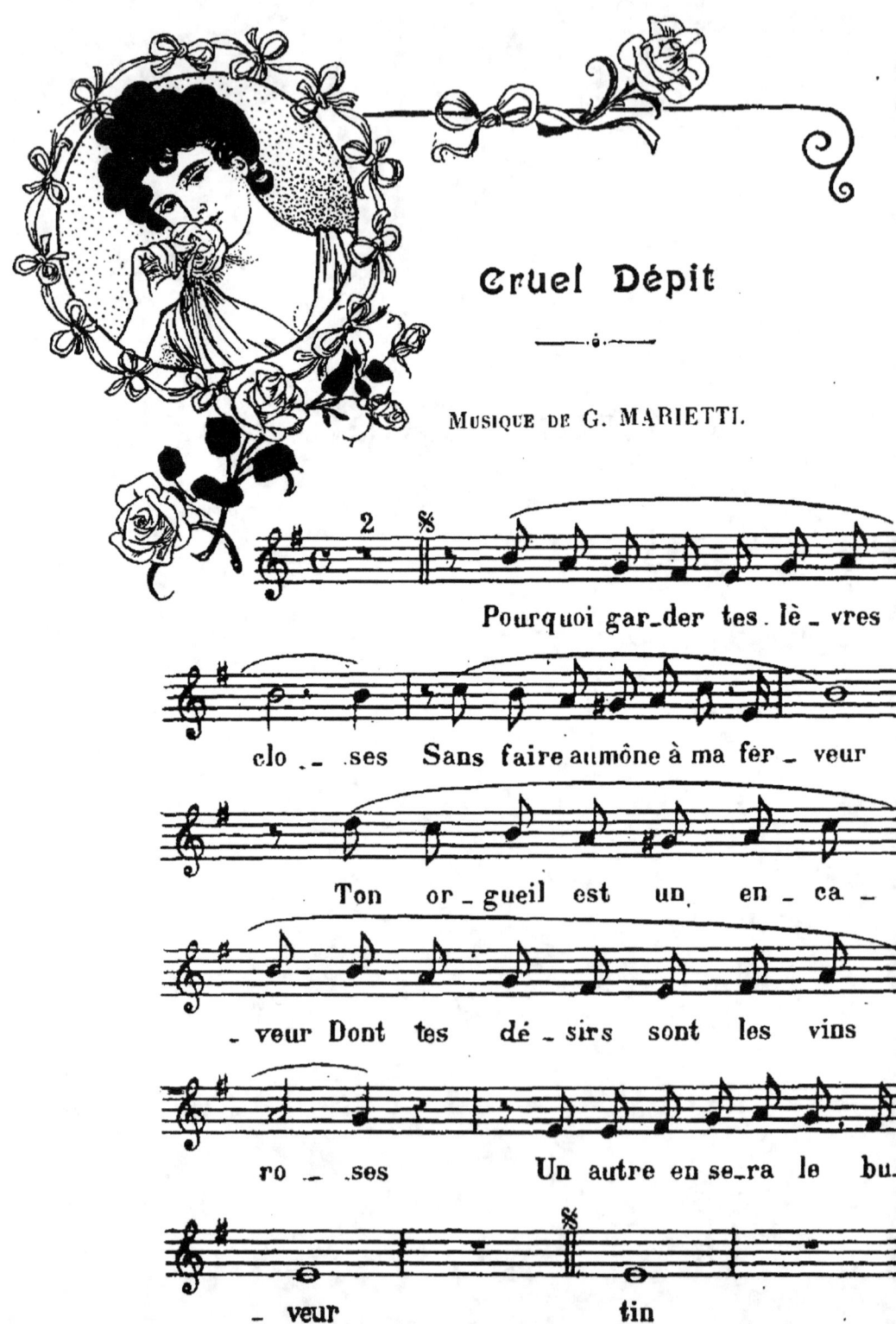

Pourquoi garder tes lèvres closes
Sans faire aumône à ma ferveur ?
Ton orgueil est un encaveur
Dont tes pensers sont les vins roses...
Un autre en sera le buveur !

Je n'avais qu'un secret dans l'âme
(C'est trop d'un seul ou c'est trop peu).
Un jour, je t'en ai fait l'aveu ;
Mon amour évoquait ta flamme...
Tu jetas mon amour au feu.

Je veux t'avoir, je te désire,
Comme un bébé veut sa catin,
Pour le seul plaisir enfantin
De voir, sous l'ongle qui déchire,
S'échapper le son du satin !...

IV

FANTAISIES

La Prison de Fresnes

La Prison de Fresnes

LETTRE D'UN PRISONNIER DE LA NOUVELLE PRISON DE FRESNES

Musique de G. MARIETTI.

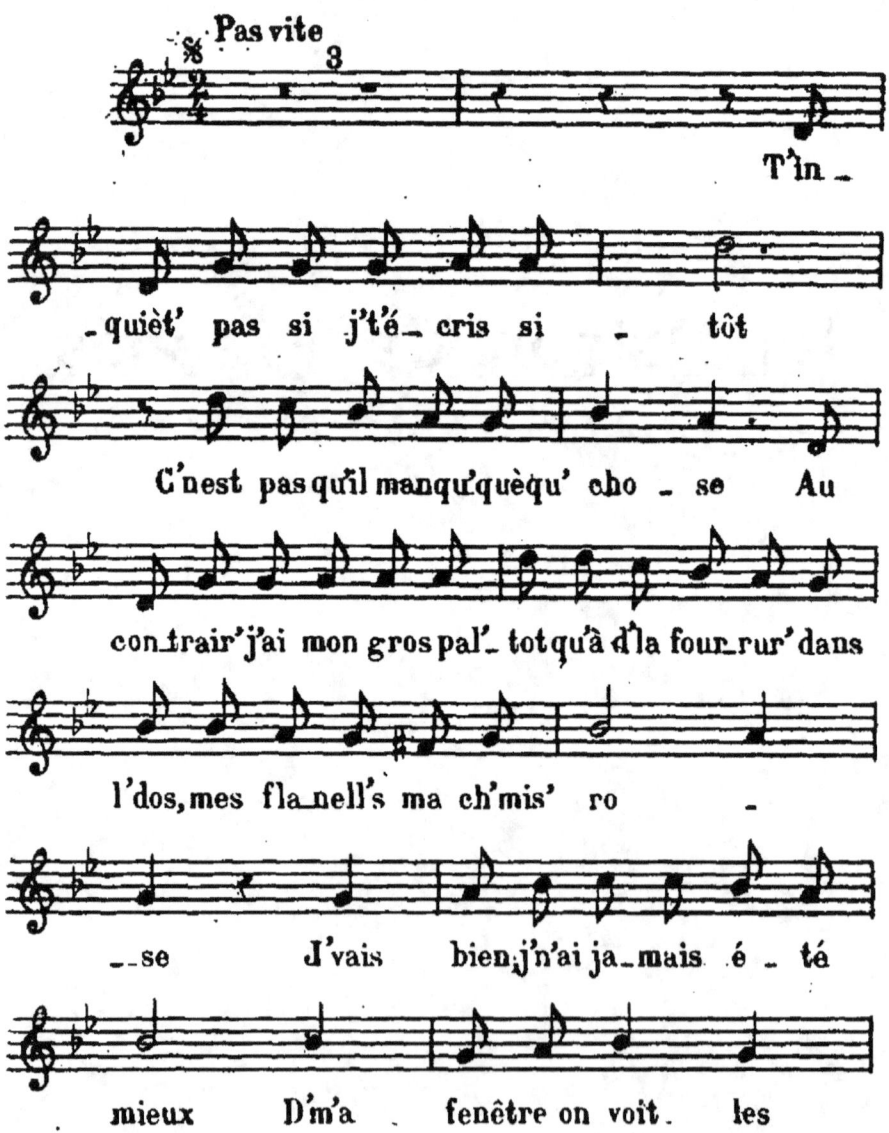

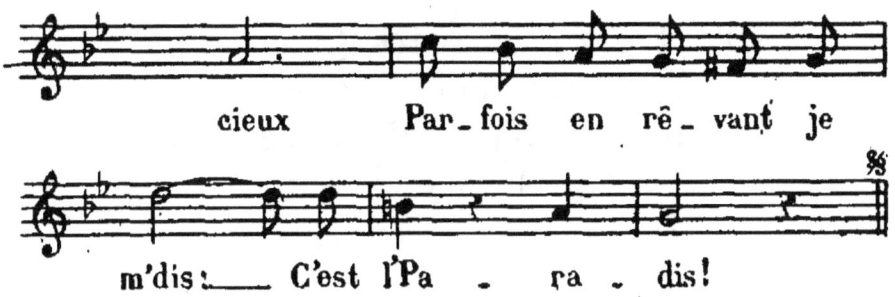

Ma chère femme,

T'inquièt' pas si j' t'écris si tôt,
C' n'est pas qu'il m' manqu' quèqu' chose,
Au contrair', j'ai mon gros pal'tot
    Qu'a d' la fourrur' dans l' dos,
    Mes flanell's, ma ch'mis' rose.
J' vais bien, j' n'ai jamais été mieux,
    D' ma f'nêtre j' vois les cieux.
Parfois en rêvant je m' dis :
    C'est l' Paradis !

Ma cellule est un vrai boudoir,
    C'est plus chic que chez Lianne ;
Tout blanc et or, aussi chaqu' soir
    Y m' sembl' que je vais voir
    Entrer la courtisane...

14.

J'ai l' gaz et l'électricité,
  D' l'eau chaude à volonté.
C't'un Pleyel qui m' sert de piano
  Et d' lavabo.

Quel malheur que t'ai's pas commis
  Un crime épouvantable,
Tous deux nous serions réunis,
  Ma chèr' je te le dis :
  Ce s'rait l' bonheur durable.
Je n' veux pas t' donner d' conseil,
  Mais pour un coin pareil
Ah ! je comprends qu' l'on tourne mal :
  C'est l'Idéal !

Propos d'un Nasicure

AU FOYER DE LA COMÉDIE-FRANÇAISE

Propos d'un Nasicure

AU FOYER DE LA COMÉDIE-FRANÇAISE

———·———

Le nez, mieux que les yeux
Dépeint l'état de l'âme.
Parfois, paratonnerre dressé vers les cieux,
Il semble s'inspirer de la divine flamme.
Parfois, pointu,
Pointant la terre,
Il va, dans l'ombre et le mystère,
Creuser la fosse d'un bonheur perdu.

Sous le doigt qui l'excite
Il se tortille et met, en ses contorsions,
Au doute qui l'agite,
Des points d'interrogations !

Quand le rire étreint notre rate,
Il bondit, il s'étale, il éclate !
Mais, s'il doit porter un cartel,
Il s'amincit pour être solennel
Et pâle et droit, correct,
Il sait imposer le respect.

Ainsi doit être, en somme,
Le nez d'un honnête homme :
Souple et prêt au désir,
Malléable à plaisir.

Mais un nez aux poses ridicules,
   Comme le vôtre, Jules,
Ce nez qui sous les coups du sort
Se courbe et se recroqueville,
Tirebouchonne ainsi qu'une vrille !
Ce nez qui n'a plus de ressort,
   Qui semble une girouette
   Rouillée aux vents du Nord
   Et que la bise fouette
Sans jamais la voir virer de bord !

Ce nez là, mon cher maître,
N'a pas de raison d'être.
Pour nous, c'est bien assez de voir pencher
   La tour de Pise et le clocher
De Saint-Cloud. Confiez donc au Nasicure
   L'ornement de votre figure,
   Afin que d'un beau mouvement
   Il rentre dans l'alignement.

Dans huit jours et grâce à ma science nasale,
Ce nez fera la pige à la nouvelle salle.
Dès ce soir, vous pouvez sans hésitation
Inviter la Presse à l'inauguration.

Marche des Petits Pâtissiers

Marche des Petits Pâtissiers

MUSIQUE DE DÉSIRÉ DIHAU (1).

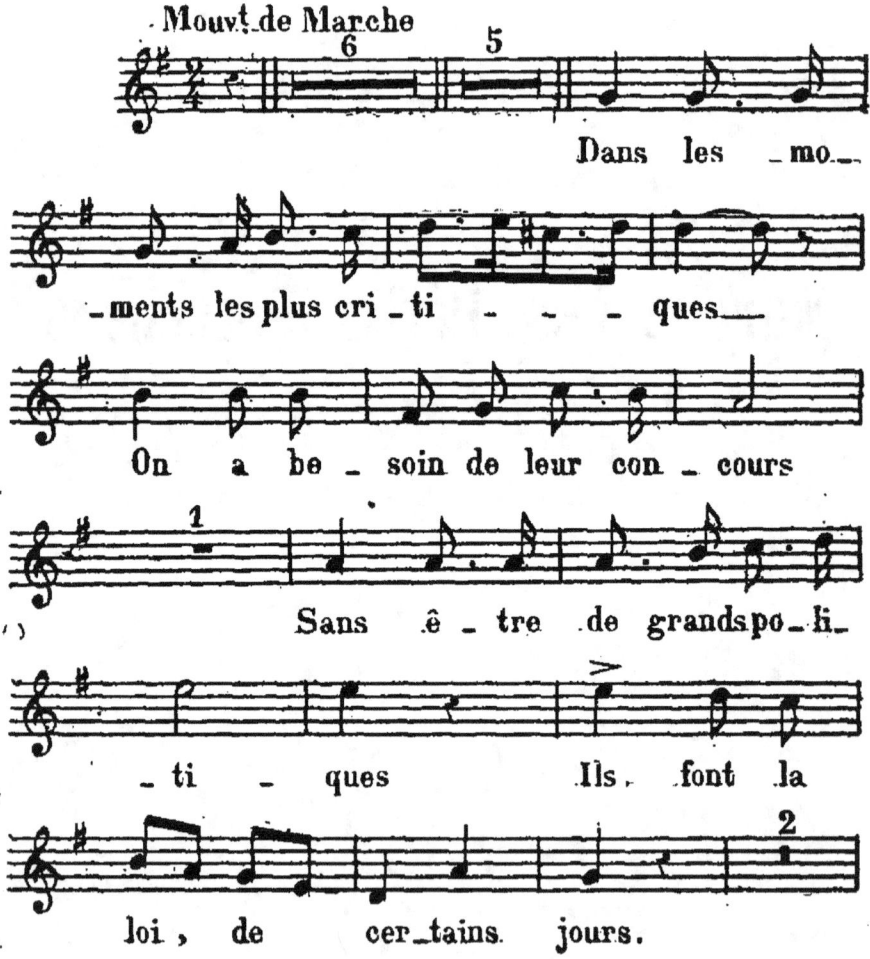

1. Publiée avec l'autorisation des éditeurs JOUBERT et Cie, 25, rue d'Hauteville, Paris.

MARCHE DES PETITS PATISSIERS

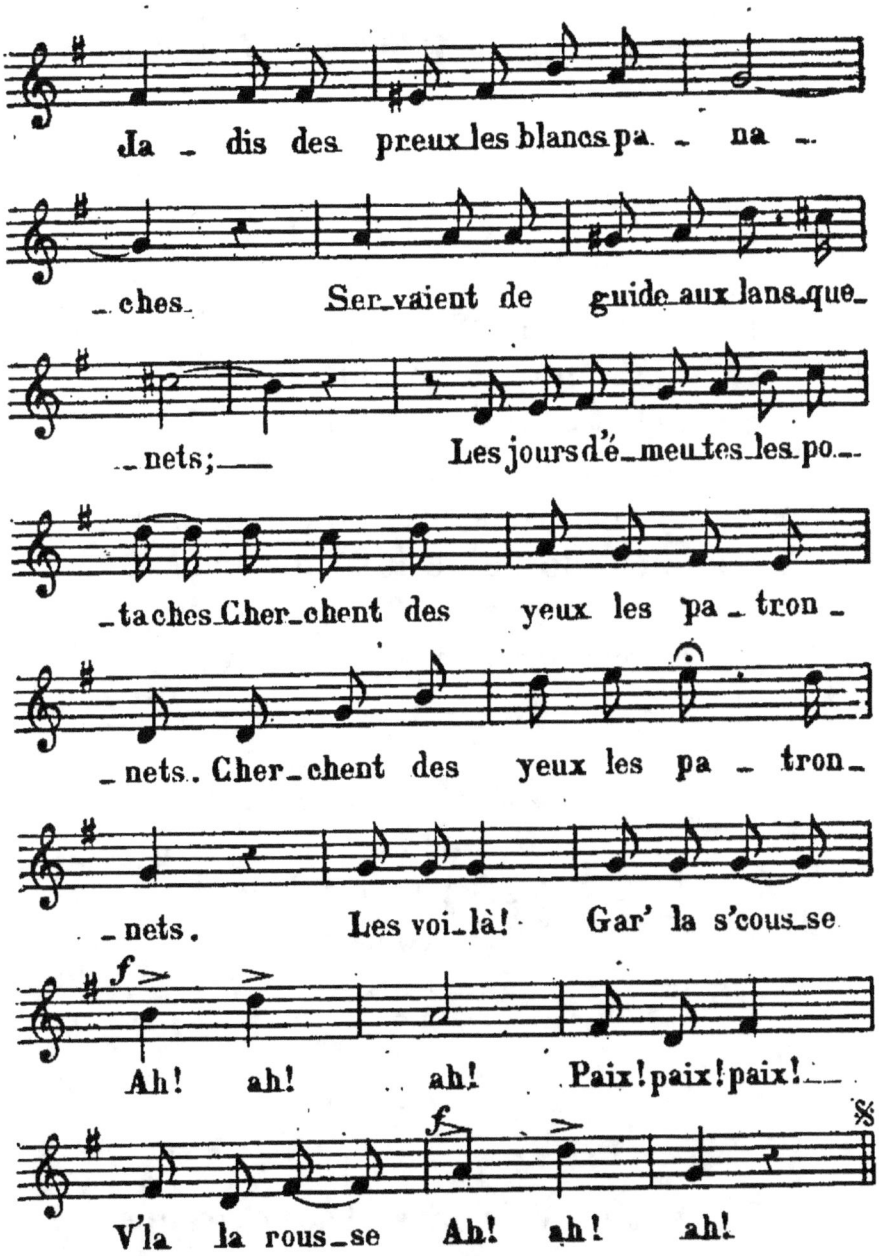

Marche des Petits Pâtissiers

I

Dans les moments les plus critiques,
On a besoin de leur concours ;
Sans être de grands politiques,
Ils font la loi, de certains jours ;
Jadis, des preux les blancs panaches
Servaient de guide aux lansquenets ;
Les jours d'émeutes, les potaches
Cherchent des yeux les patronnets (*bis*).

    Les voilà !
    Gar' la s'cousse !
    Ah ! ah ! ah !
    Paix ! paix ! paix !
    V'là la rousse,
    Ah ! ah ! ah !

II

On peut les voir dans chaque groupe,
Au premier rang sur le trottoir,
Marcher au pas avec la troupe,
Suivre les bœufs à l'abattoir,

Précéder un homme en ribote
Digérant mal un vin plâtré,
Faire la nique à la cocotte
Dont le plâtrage est trop outré (*bis*).

   Les voilà !
   Gar' la s'cousse !
   Ah ! ah ! ah !
   Paix ! paix ! paix !
   V'là la rousse,
   Ah ! ah ! ah !

III

Ils vont, portant droit sur la tête,
Dans leur petit panier carré,
Paré de fleurs pour quelque fête,
L'appétissant Saint-Honoré.
Au mauvais chien de l'herboriste
Ils livrent de fougueux combats ;
Le gâteau, que cela rend triste,
En sort souvent la tête en bas (*bis*).

   Les voilà !
   Gar' la s'cousse !
   Ah ! ah ! ah !

Paix! paix! paix!
V'là la rousse,
Ah! ah! ah!

IV

Ils font de l'œil aux demoiselles
Qui servent chez le confiseur ;
La tourte a bien moins de quenelles
Qu'ils ont de soupirs dans le cœur.
En amour s'ils font des brioches,
C'est pour apprendre, c'est certain,
Ils ont, sans fouiller dans leurs poches,
Toujours la galette à la main (*bis*).

Les voilà!
Gar' la s'cousse!
Ah! ah! ah!
Paix! paix! paix!
V'là la rousse,
Ah! ah! ah!

V

On peut les blaguer sur leur taille,
Les braves petits pâtissiers,

N'empêche que dans la bataille
Ils vaudront bien des cuirassiers,
Car ils adorent la Patrie
Ces gamins, c'est là leur fierté,
Ils sont prêts à donner leur vie
Pour la France et la liberté ! (*bis*).

   Les voilà !
   On s'avance
   En chantant
   Les voilà !
   Pour la France
   En avant !

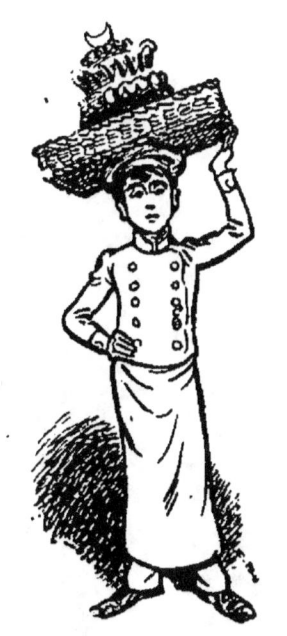

Stances au Très Gras

Stances au Très Gras

Air : *Les Stances à Manon* (Paul DELMET).

> « *Adorable cochon... cher ange !* »
> Ch. MONSELET.

Mignon ! voici la Noël,
Il te faudra, sort cruel,
Renoncer à toutes choses ;
Déjà la dernière fleur
Va mourir dans sa pâleur...
Je veux ton sang, tes chairs roses !

Laisse-moi, dans tes yeux bons,
Voir le reflet des jambons
Dont l'image emplit mes rêves ;
Laisse-moi, sur tes reins blancs,
Chercher les lardons tremblants
Que j'ai promis à mes fèves.

Verse, verse ton sang brun
Pareil au jus du nerprun,
Avec des senteurs de mûre.

Va, renonce à tout espoir,
Tu me maudiras ce soir
Mais, demain, j'aurai ta hure !

Qu'importent les trahisons
Des marchands de salaisons
A la lueur des bougies !
Champagne ! que ton bouchon
Saute en l'honneur du cochon ;
Voici l'heure des orgies !

Le Record du Paradis

Le Record du Paradis

I

A forc' de nous r'garder faire
Tant de *records* sur la terre,
   Les saints du Paradis
   L'autre jour se sont dit :
« Aussi bien qu' les journalistes,
« Les coiffeurs et les artistes,
   « Béats et Bienheureux
   « Doivent lutter entre eux ! »

Et du cyclon' voilà l'histoire :
C'était la cours' *Ciel-Purgatoire*.

   Un program' très libéral
   Annonçait qu'à pied, à ch'val
     Et, même, en voiture,
   Chacun pourrait prendre part
      Au départ
   Et courir l'aventure.

C'était plein de mond' dans les nues
Pour voir les saints en maillots,
En bas de laine, en tricots;
Saint' Véroniqu' prenait des vues
Photographiqu's du public
Ultra chic,
Tirant des portraits épatants
De tous les partants.

II

Au signal d'un coup d' tonnerre
Dans le ciel et ventre à terre,
Pour ce match délirant
Chacun va de l'avant.
Voici le grand saint Lazare
Dans un' voitur' de la gare,
Ensuite un tilbury
Conduit par saint Landry.

Un' charrette att'lé' d'un' bourrique
Servant de trône à saint Rustique.

Saint Fiacr' s'amène en sapin,
En tape-cul v'là saint Crépin,
L' fond d'un' diligence

Par saint Prompt est occupé ;
Dans l' coupé,
Abeilard et Fulgence.

Pédalant chacun sur un' roue,
Triplette à la mod' de Caen,
Saint Pierr', saint Paul et saint Jean
S'avancent en faisant la moue.
Sur un' bécan' à tub's pleins,
A boudins,
Se tienn't, à califourchon,
Antoine et l' cochon.

III

Saint Pancrace et saint Pamphile
Conduis'nt une automobile ;
Saint Roch marche très bien
Remorqué par son chien ;
Saint Benoît dans un' patache,
Dans un tramway saint Eustache,
Le grand saint Barnabas
Dans un' voiture à bras

Saint Melon et saint Éleutaire
Sont en omnibus funéraire !

Cent punaises, mille poux
Vont, poussant à petits coups
Le bienheureux Labre ;
Saint Gervais a pu monter
Et dompter
Un fromag' qui se cabre.

En cul-de-jatt'. chanteur des cour...ses,
Saint Hospice, en sautillant,
Rattrape le moins vaillant.
V'là résultat complet des courses !...

On proclama saint Janvier
le premier,

Et, comm' sur l' calendrier,
Sylvestre l' dernier.

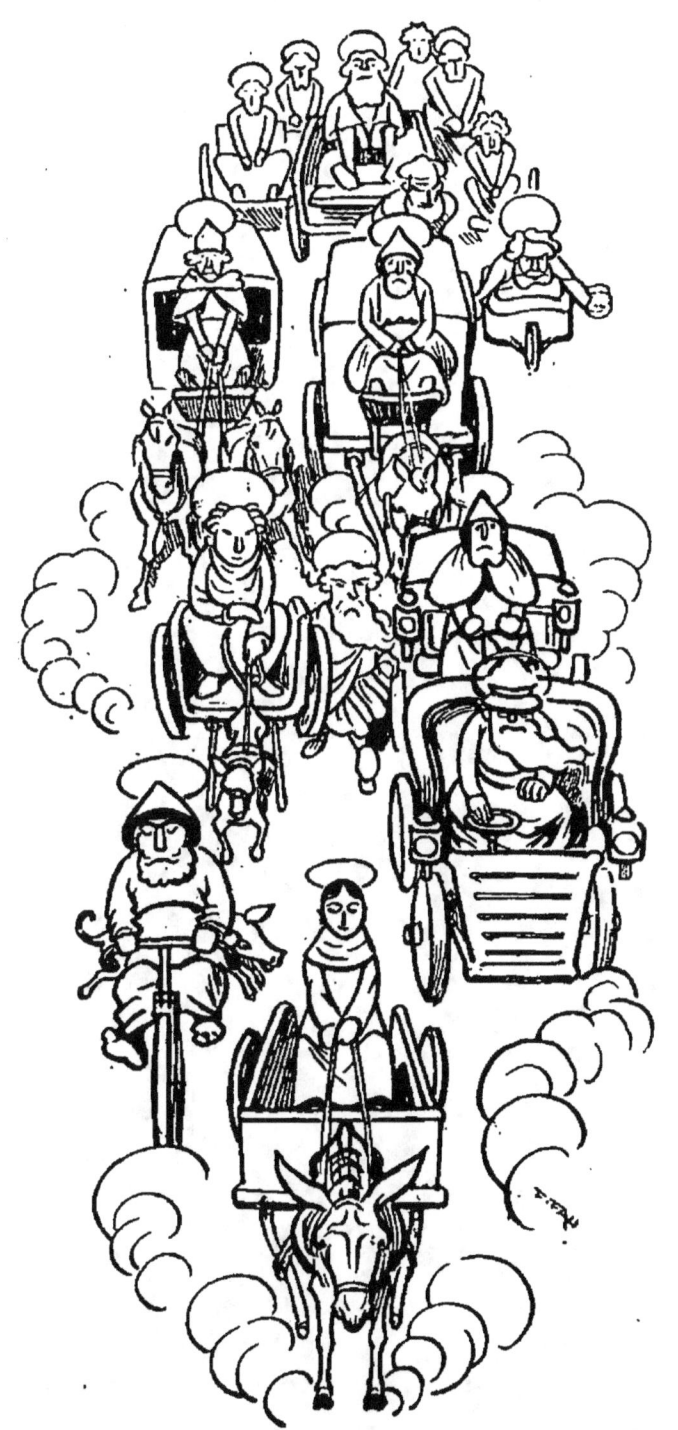

Sacré Charlot

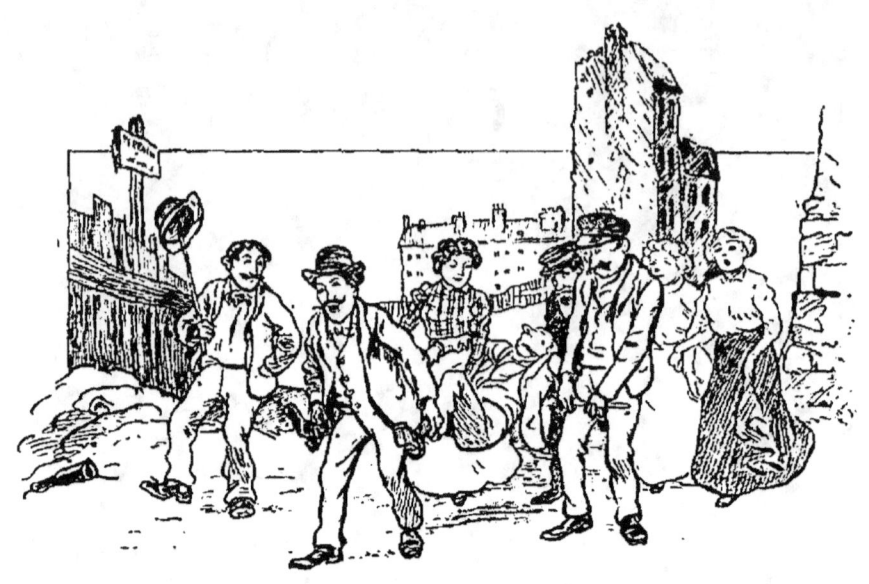

Sacré Charlot!

Musique de G. MARIETTI.

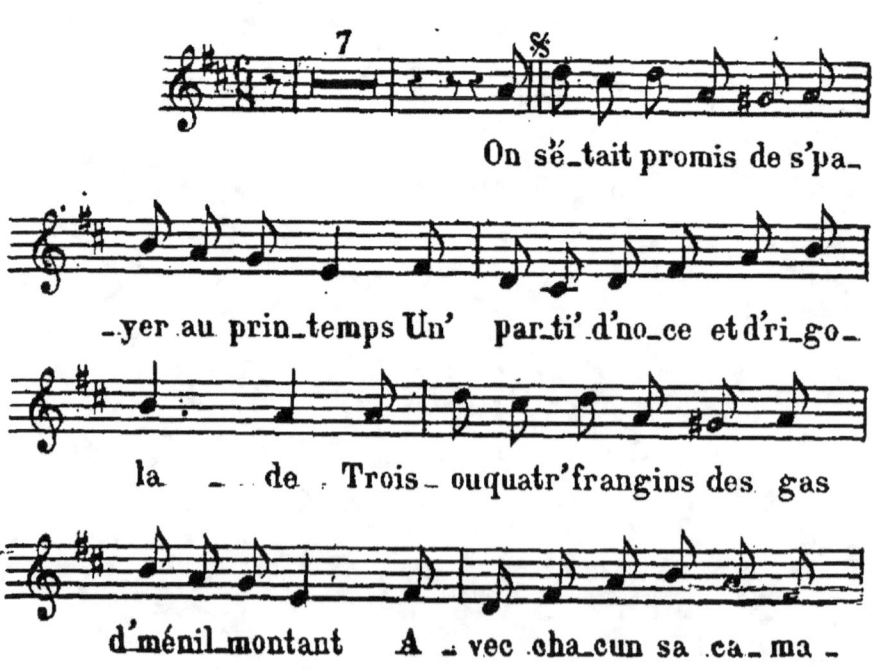

On s'é_tait promis de s'pa_yer au prin_temps Un' par_ti' d'no_ce et d'ri_go_la _ de Trois_ ou quatr' frangins des gas d'ménil_montant A _ vec cha_cun sa ca_ma_

SACRÉ CHARLOT

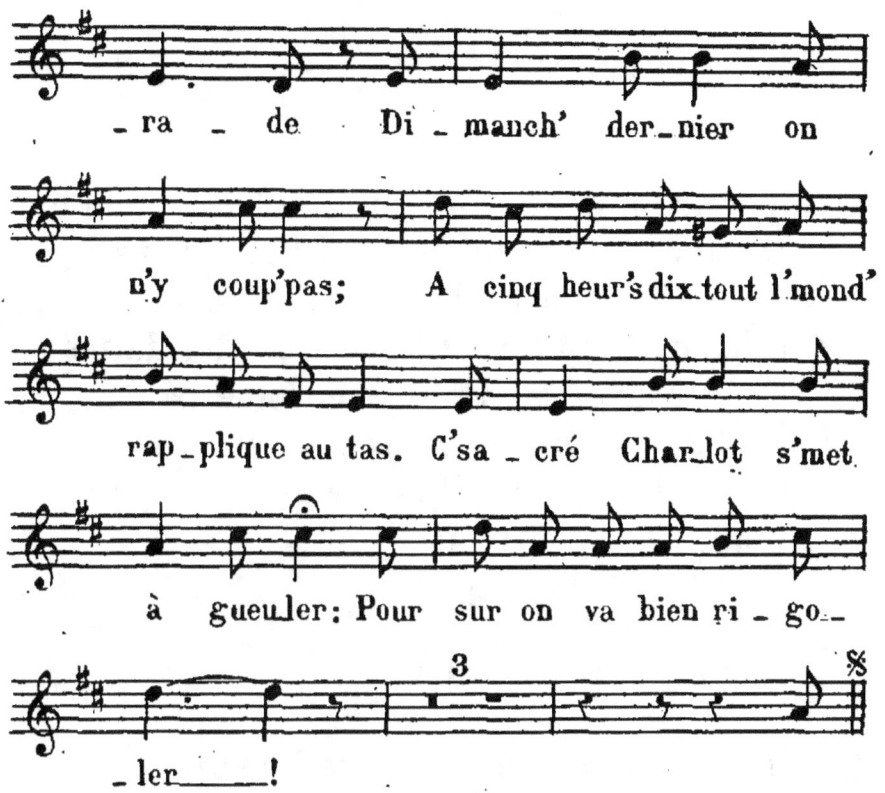

I

On s'était promis de s' payer, au printemps,
    Un' parti' d' noce et d' rigolade.
Trois ou quat' copains, des gas d' Ménilmontant
    Avec chacun sa camarade,
    Dimanch' dernier, on n'y coup' pas,
A cinq heur's dix, tout l' mond' rapplique au tas;
    C' sacré Charlot s' met à gueuler :
    « Pour sûr ! on va bien rigoler ! »

II

V'là, pour commencer, lui qui n'a plus d' crampon,
    D'puis qu' sa femm' s'est tiré des pattes,
Qu'y s' met à courir à la suit' d'un jupon ;
    Chacun s' disait : « C'est comm' des dattes ! »
    Çà s' trouve être un' porteuse de pain ;
Elle en flanque un sur la tronche au copain :
    C' sacré Charlot a l' nez enflé,
    Pour sûr, on a bien rigolé !

III

Afin d' contempler tout à l'aise l'horizon,
    Sur les fortifs on fait un' pose ;
Un' dam' dit :« Qu'c'est doux sous les pieds le gazon!»
    Faut croire qu'ell' marchait dans quéqu'chose ;
    On s' fait des blagu's, sur le talus,
On s' pousse à qui qui dégringol'ra l' plus ;
    C' sacré Charlot tomb' dans l' fossé,
    Pour sûr, on a bien rigolé !

IV

On le r'tir' de là, crotté comme un barbet ;
    En le voyant, ma femm' se sauve.

Malgré ses patt's sal's, est-c' qu'y n'a pas l' toupet
    De la r'tenir par sa rob' mauve?...
  La colèr', ça n' se command' pas :
Ma femm' lui flanque un grand coup d' son en-cas.
    C' sacré Charlot a l'œil poché,
    Pour sûr, on a bien rigolé !

V

Bref, au restaurant on arriv' tant bien qu' mal,
    Charlot geignant comme un trombonne
    Mais à peine entré voilà que c't' animal
    S' met à chatouiller la patronne.
    L' troquet, jaloux, prend un siphon
Et, d'un seul coup, y lui fend l' carafon !
    C' sacré Charlot a l' glob' fêlé,
    Pour sûr, on a bien rigolé !

VI

Pour le rapporter, nous formons des brancards
    Avec nos cann's, nos parapluies,
Mais, v'là qu'à l'octroi les gabelous roublards
Nous dis'nt : « N' fait's donc pas d' fumist'ries,
    « Il est en baudruch', vot' blessé ! »
Et, par la sond' d'un zélé préposé,
    C' sacré Charlot est empalé.
    Pour sûr, on a bien rigolé !

VII

Quatre jours après, on m'nait l'corps à Saint-Ouen.
 . Nous étions mis comm' des notaires,
Quant à nos bourgeois's, dam'ell's faisaient leur foin
 Dans les omnibus funéraires.
 Chacun comprimait un rir' fou,
Mais aussitôt que dans le fond du trou,
 L' corps de Charlot s'est débiné.....
 Jamais on n'a tant rigolé !

Les Culottes

Les Culottes

Musique de G. MARIETTI

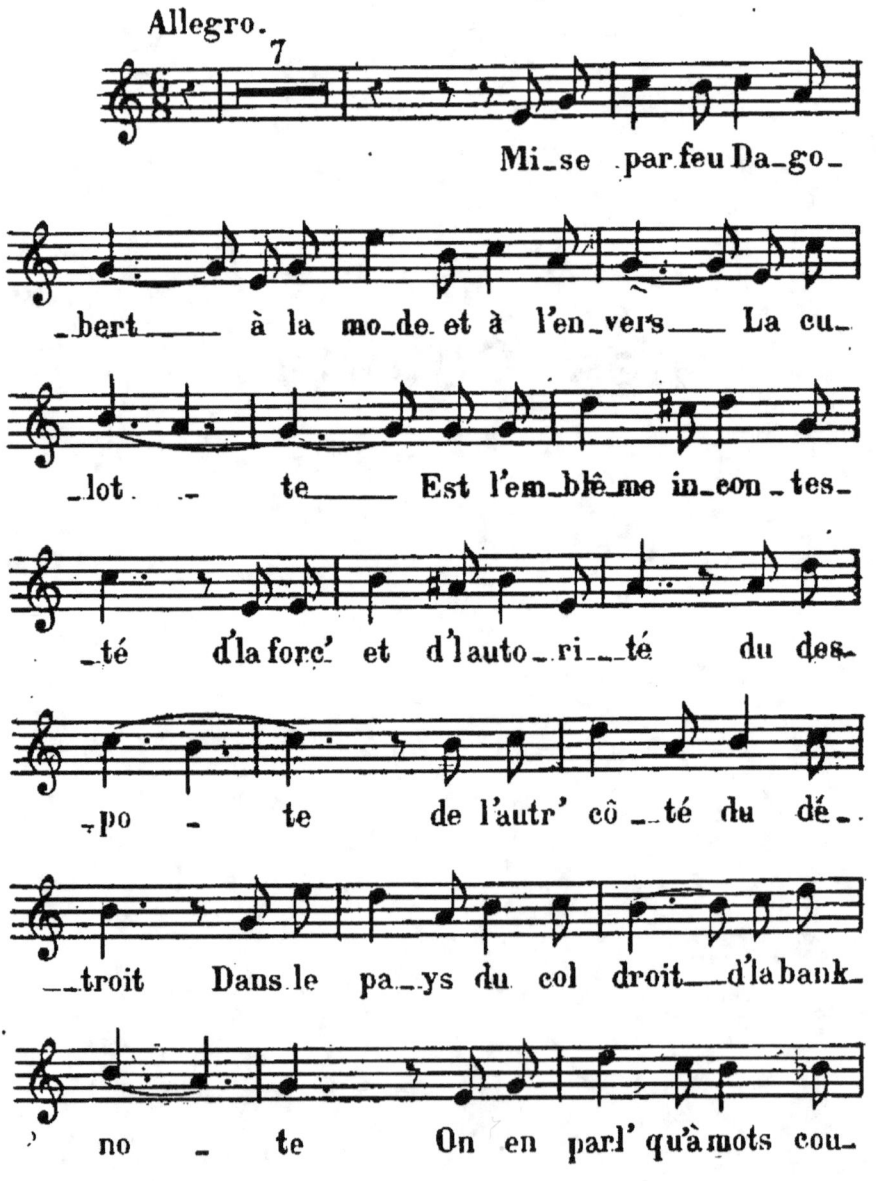

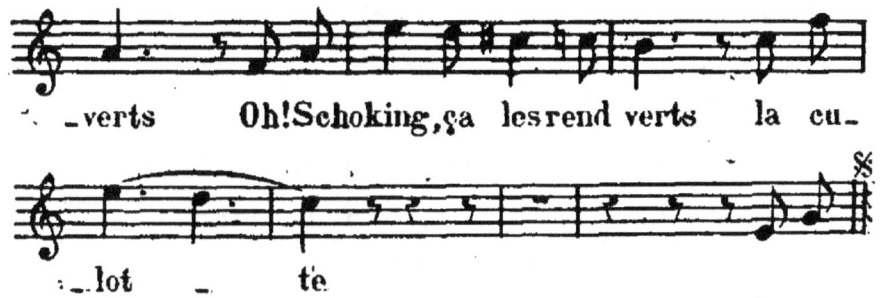

I

Mise, par feu Dagobert,
A la mode et à l'envers,
La culotte
Est l'emblème incontesté
D' la force et d' l'autorité
Du despote.

II

De l'aut' côté du Détroit,
Dans le pays du col droit,
D' la banknote,
On n'en parl' qu'à mots couverts ;
Aoh ! schocking ! ça les rend verts,
La culotte !

III

Ici, j'en parle sans peur,
Car, en France, la pudeur
    Est moins sotte ;
On appelle un chat, un chat !
Peut-on faire un entrechat,
    Sans culotte ?

IV

L'Écritur' dit, non sans fard,
Que Joseph, d' chez Putiphar,
    Prit sa trotte
En oubliant son manteau.
Moi, je crois qu' c'était plutôt
    Sa culotte !

V

Faut-il parler d' l'encensoir
Qu'un bon fumeur, chaque soir,
    Bourre et frotte,
Car, un' pip' n'a d' la vertu
Que quand elle a revêtu
    Sa culotte !

VI

« C'est le roi du pot-au-feu »,
Dit l' boucher au cordon bleu
    D' la gargote;
« Pour vous faire un bon bouillon,
« Prenez donc, mon p'tit trognon,
    « Ma culotte. »

VII

J'habit' dans un vieux quartier
La maison d'un culottier
    En cam'lote,
J' sais pas c' que les voisins font,
Mais tous les jours le plafond
    Se culotte.

VIII

Au premier, c'est du mond' chic,
Un' femm' aimé' du public,
    Un' cocotte;
C'est pour ell' qu'un vieux gogo
Vient de prendre, à Monaco,
    Un' culotte.

IX

L' portier c'est un vieux grognard
Qui porte encor', du lignard,
    La capote,
Et, sur son nez, c' vieux soiffeur
Arbore aussi la couleur
    D' sa culotte.

X

J' vois jusqu'au cul-d'-jatt' du s'cond
Qui tous les jours sur un pont
    Mendigote.
Lui, qu'a rien à mett' dedans,
N' rentrerait pas un soir sans
    Sa culotte.

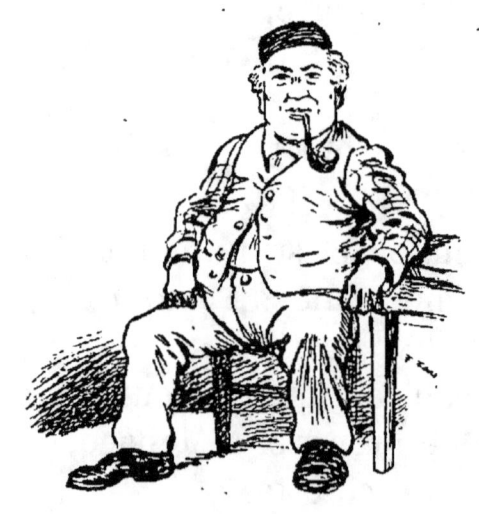

L'Impériale et l'Intérieur

L'Impériale et l'Intérieur

Musique de E. BASTIN Fils.

I

Quand y fait beau, l' tramway détale,
L'on court, l'on grimpe et l'on s'installe
    A l'impériale.
Mais dès qu'y pleut, c'est d' la fureur,
Tout l' monde y va s' coller en chœur
    A l'intérieur.

II

On est assis comm' sur un' malle,
L' barreau du siège y vous empale,
    A l'impériale.
Les coussins, ça manque d' fraîcheur,
Et l'on transpir' du postérieur,
    A l'intérieur.

III

C'est la dernièr' lot'ri' légale,
On peut gagner des poux, d' la gale,
    A l'impériale.
Sous son doigt mouillé le chasseur
Essai' d' choper l' gibier sauteur,
    A l'intérieur.

IV

Des p'tit's bonn's, des dam's de la Halle,
V'là c' qu'on a comm' voisin' de stalle
    A l'impériale.
En d'sous, c'est l' public supérieur,
Et ça s' voit, rien qu'à l'extérieur,
    A l'intérieur.

V

Y a pas qu' des princess' de Lamballe,
Y a quéqu'fois des fill's qu'on emballe
    A l'impériale.
Quand y voit ça, le pauv' sout'neur,
Ça lui flanque un grand coup dans l' cœur,
    A l'intérieur.

VI

On peut blaguer mais sans scandale ;
En somme, on est pour la morale,
      A l'impériale.
On voit plus d'un faux roupilleur
Glisser un geste farfouilleur,
      A l'intérieur.

VII

Victim' de la foi conjugale,
Plus d'un mari gob' la rafale,
      A l'impériale,
Pendant qu' sa femm' fait, sans pudeur,
Des p'tits pains avec un monsieur,
      A l'intérieur.

VIII

Rien que la vue est un régale,
On voit tout Paris qui s' cavale,
      De l'impériale,
Tandis qu', dans un' sort' de torpeur,
On n' voit qu' des gens laids à fair' peur,
      A l'intérieur.

IX

— N'y a qu' des borgeois pleins d' pesanteur,
— Moi j'appelle ça des poids d' senteur, —
    A l'intérieur.
J'aim' que l'air me caress' la dalle,
Et je n' crains pas qu' la plui' m' dessale,
    A l'impériale.

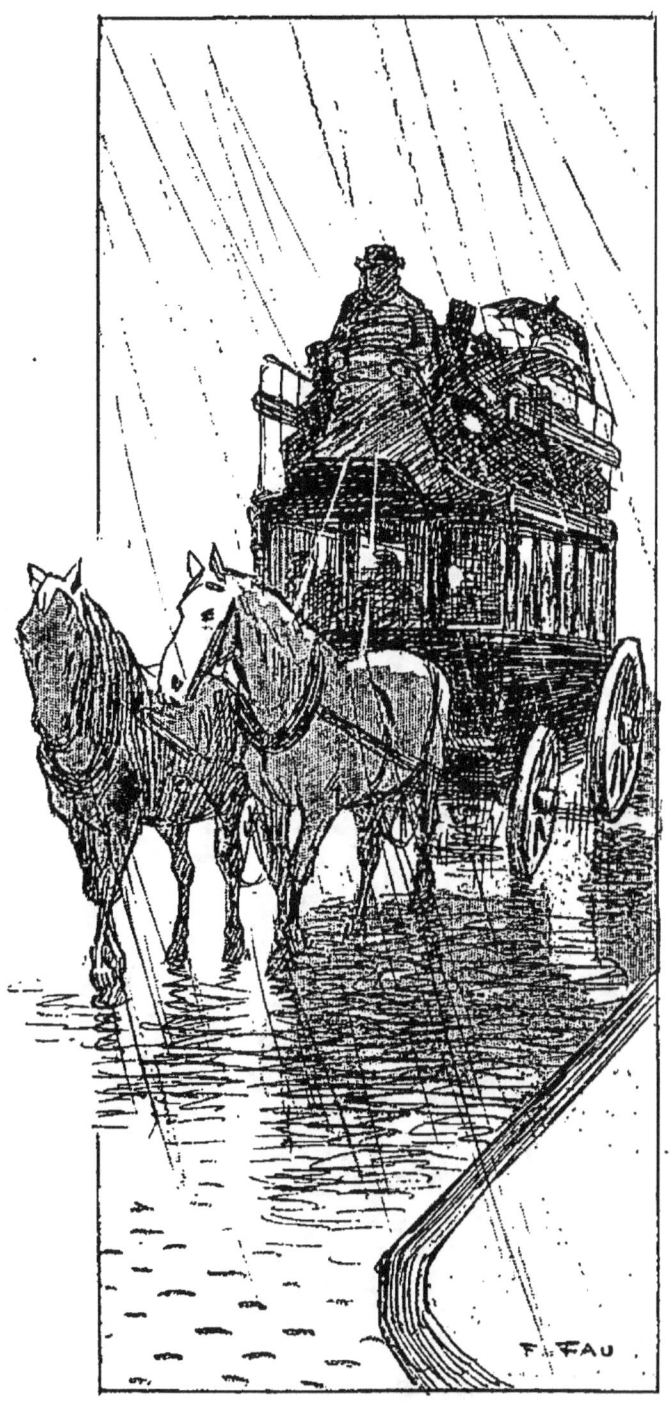

Fleur de Vernis

Fleur de Vernis

MUSIQUE DE ALBERT MORIAS

I

On dit qu' jadis la foll' jeunesse,
Sans souci du qu'en dira-t-on,
Buvait, dansait avec ivresse
Et faisait la noce en veston ;
Mais aujourd'hui, pour fair' la fête
Faut être d'un chic épatant ;
R'gardez-moi des pieds à la tête ;
Je crois que j' suis du dernier v'lan.

REFRAIN

Demandez à Lolotte
   Si l'on m' dégotte,
La môm' Citron me trouv' exquis } bis
Et l'on m'appell' Fleur de Vernis.

II

Je suis le roi du Vélodrome,
C'est moi qui préside aux records ;
Faut m' voir filer comme un fantôme
Sans avoir l'air d' fair' des efforts,
Il en est qui courbent l'échine
Au point qu'ils en sont gondolés ;
Moi j' me tiens droit sur ma machine
Et j' dis aux curieux empilés :

> Demandez à Lolotte
>   Si l'on m' dégotte,
> La môm' Citron me trouv' exquis } *bis*
> Et l'on m'appell' Fleur de Vernis !

III

Dans les couliss's j'ai mes entrées ;
Appuyé derrière un portant,
C'est là que je pass' mes soirées,
Et le pompier en fait autant,
Ça fait que j' connais les actrices.
Pendant qu'ell's chant'nt j' tiens leur manteau.
Au front je m' fais des cicatrices
A forc' d' donner des coups d' chapeau.

Demandez à Lolotte
  Si l'on m' dégotte, } bis
La môm' Citron me trouv' exquis
Et l'on m'appell' Fleur de Vernis!

IV

J'emmèn' souper des p'tit's poupées,
J'en ai jusqu'à cinq à la fois;
Ell's ador'nt les volaill's truffées,
En hiver ell's veul'nt des p'tits pois!
Je fais un flirt avec chacune;
Du reste, en tout bien tout honneur,
Mais quand j' suis à ma dernièr' thune
Ell's se tir'nt des pieds en douceur.

Demandez à Lolotte
  Si l'on m' dégotte. } bis
La môm' Citron me trouv' exquis
Et l'on m'appell' Fleur de Vernis!

V

Chaqu' fois que je vais fair' ma ronde
Au Casino, à l'Olympia,
Mon galbe fait se r'tourner l' monde,
Tout' la sall' se d'mand' : « Qu'est-c' qu'y a? »

Et, sous mon r'gard, les bell's petites
Vienn'nt se rouler à mes genoux.
Si j' voulais j'aurais des marmites,
Que tout Montmartre en s'rait jaloux.

Demandez à Lolotte
Si l'on m' dégotte,
La môm' Citron me trouv' exquis } bis
Et l'on m'appell' Fleur de Vernis !

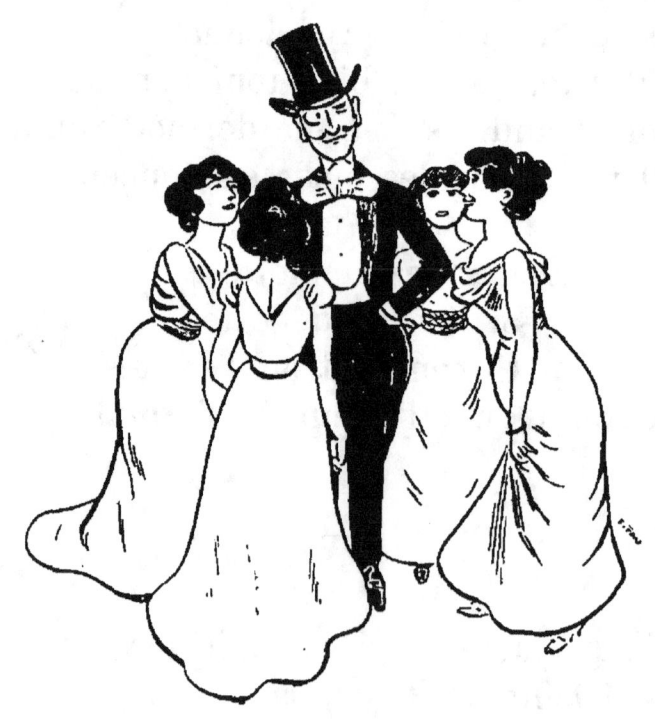

Tout l' fourbi

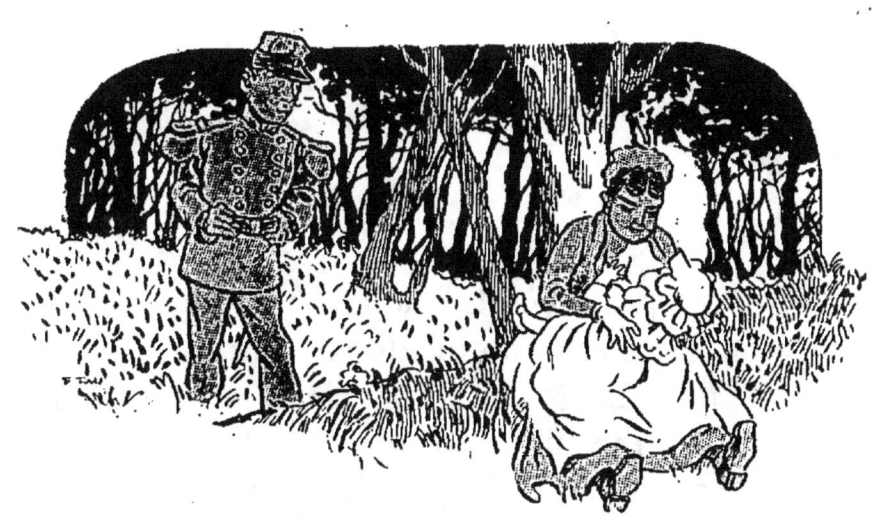

Tout l' fourbi

CHANSONNETTE MILITAIRE

Musique de E. OUVRARD.

I

L'autre jour, après l'exercice,
En me prom'nant dans l' bois d' Meudon,
Je vois une grosse nourrice
En train d' déboucher un bidon.
Pristi, que je lui dis, la belle,
Y en a de trop pour le petit,
J' voudrais partager la gamelle
   Et tout l' fourbi ! *(bis)*.

II

Je m'approche et, quelle surprise !
Cett' nourric' plein' de séduction,
C'était Margot, une payse ;
Voyez d'ici mon émotion !
J' deviens si pâl' que j'en grelotte.
C'était comm' un' dans' de Saint-Guy
Qui faisait trembler ma capote
  Et tout l' fourbi ! *(bis)*.

III

Tiens ! qu'el' me dit, c'est vous, Antoine ?
C'est moi, que j' réponds nonobstant.
Elle était roug' comme un' pivoine
Quand on s'assit conjointement.
Tandis qu'à son poupon qui bâille
Ma main gauche fait *qui ri qui qui !*
Ma main droite presse sa taille
  Et tout l' fourbi ! *(bis)*.

IV

Pour lors, que j'ajoute, ô Déesse !
Posez le mioche sans retard,

Parc' que les feux de ma tendresse
Y pourraient fair' peur au moutard,
Afin de me sentir plus leste,
J'ôte mon sabre, mon képi,
Puis je déboutonne ma veste
  Et tout l' fourbi ! (*bis*).

V

Crac ! le clairon sonn' la retraite,
Adieu ! je r'mets mon ceinturon,
Ma capote, et, dessus ma tête,
J'enfonce mon... *Cré nom de nom !*
Pendant c't' entretien plein de charmes,
Le gosse, assis sur mon képi,
Avait laissé couler ses larmes
  Et tout l' fourbi ! (*bis*) (¹).

1. Cette chansonnette est en collaboration avec M. L. GOUGET.

Les Petites Folles

Les Petites Folles

Musique de WRIGHT et Alfred BERT.

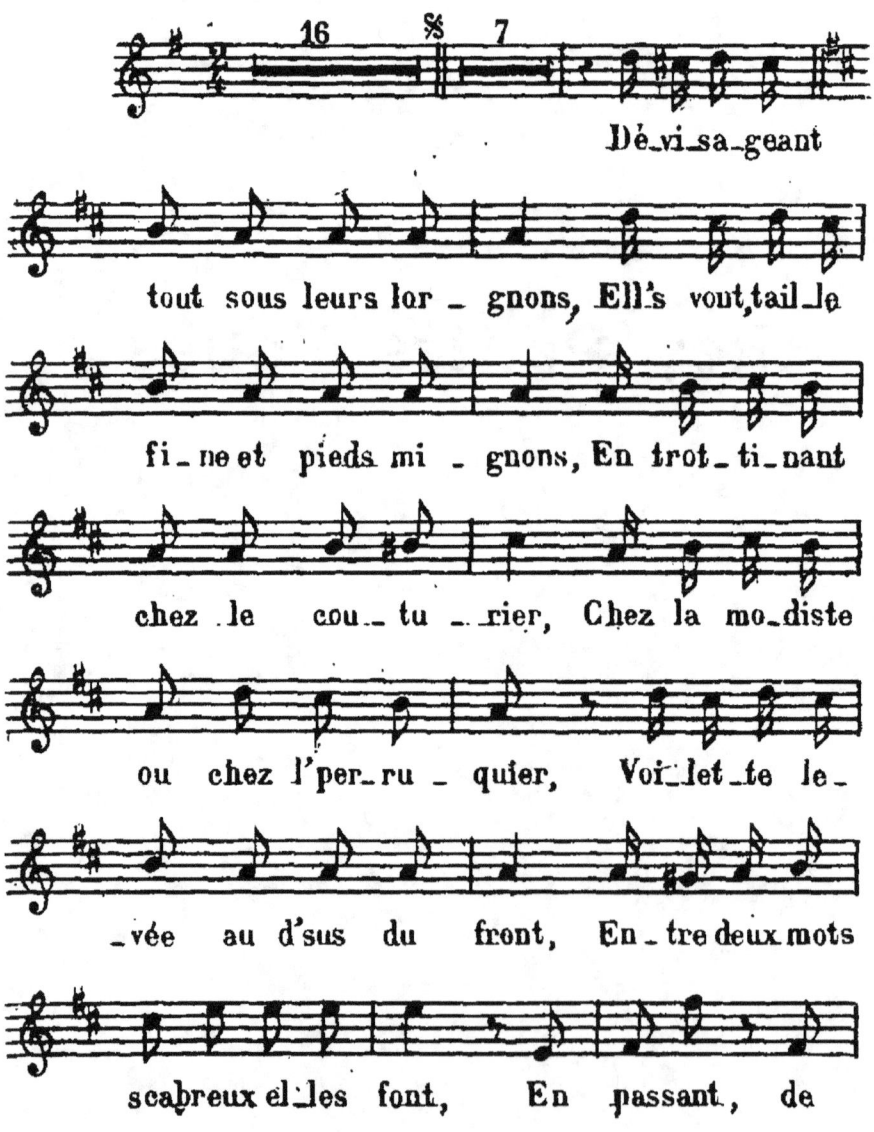

Dé-vi-sa-geant tout sous leurs lor-gnons, Ell's vont, taille fi-ne et pieds mi-gnons, En trot-ti-nant chez le cou-tu-rier, Chez la mo-diste ou chez l'per-ru-quier, Voi-let-te le-vée au d'sus du front, En-tre deux mots scabreux ell'es font, En passant, de

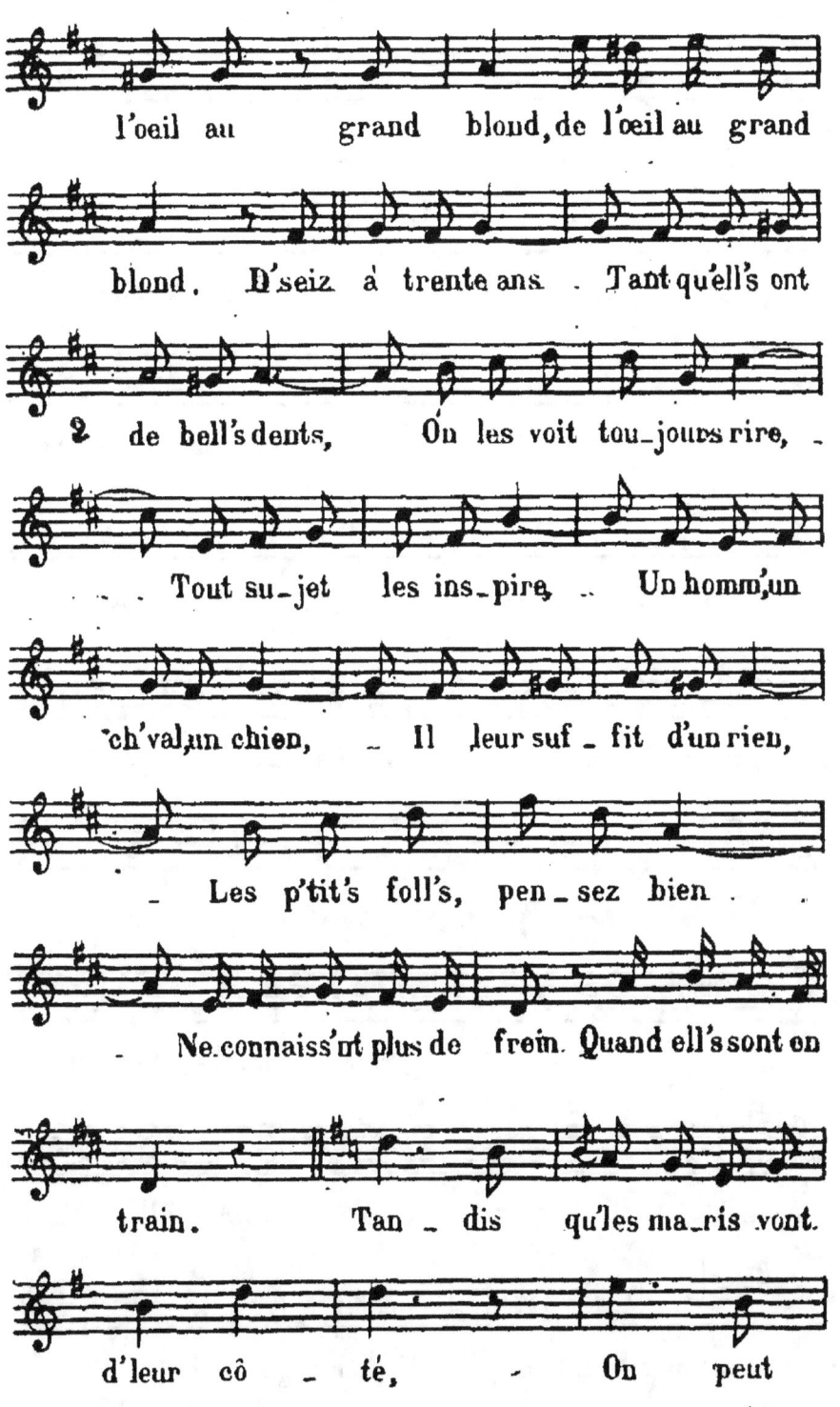

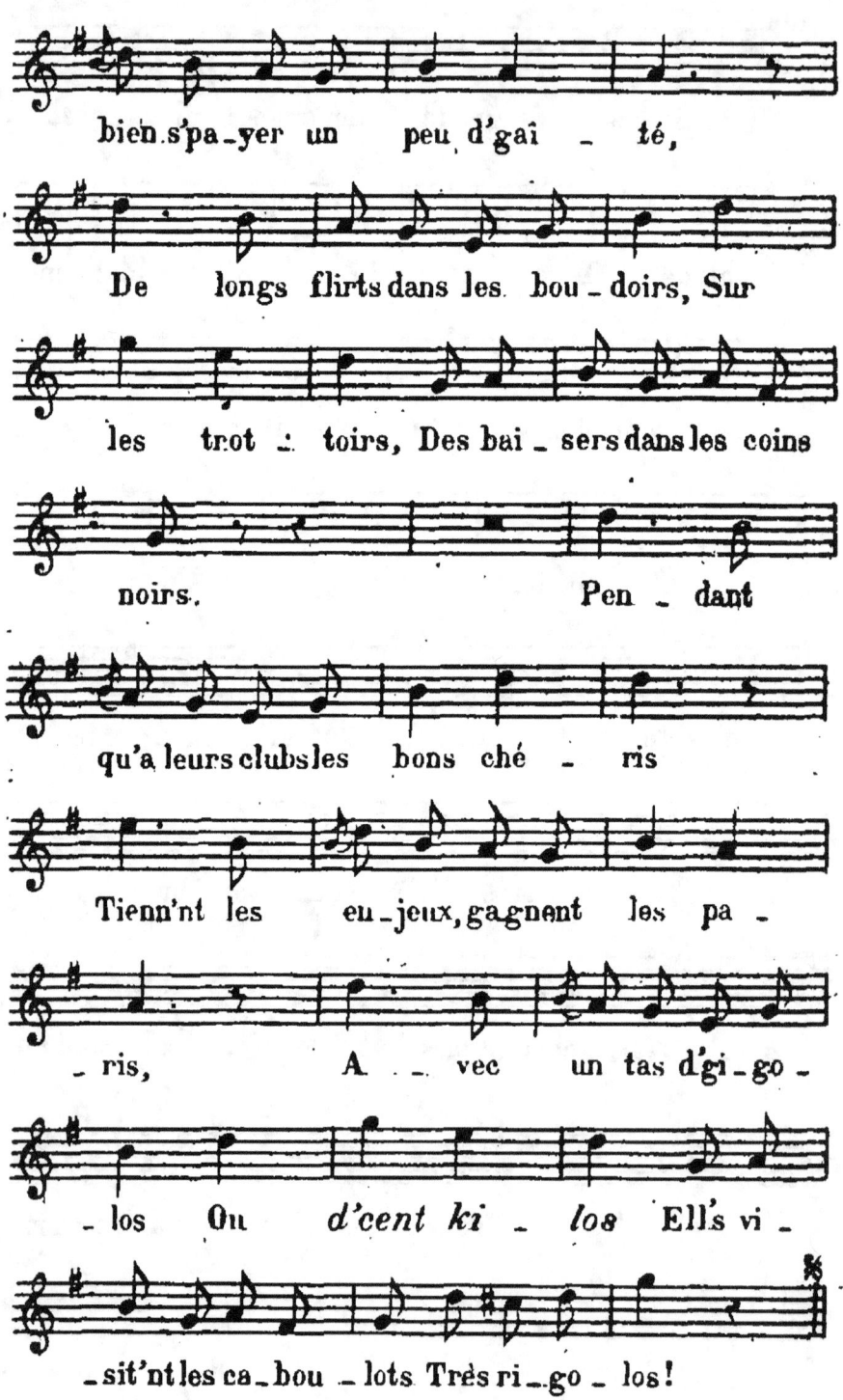

I

Dévisageant tout, sous leurs lorgnons,
Ell's vont, taille fine et pieds mignons,
En trottinant, chez le couturier,
Chez la modiste ou chez l' perruquier,
Voilette levée au-d'ssus du front,
Entre deux mots scabreux, elles font,
  En passant, de l'œil au grand blond,
    De l'œil au grand blond.
      D' seiz' à trente ans,
  Tant qu'ell's ont de bell's dents,
  On les voit toujours rire,
  Tout sujet les inspire,
  Un homm', un ch'val, un chien,
  Il leur suffit d'un rien,
  Les p'tit's foll's, pensez bien,
  Ne connaiss'nt plus de frein
    Quand ell's sont en train.

Tandis qu' les maris vont d' leur côté,
On peut bien s' payer un peu d' gaîté,
  De longs flirts dans les boudoirs,
    Sur les trottoirs,
  Des baisers dans les coins noirs.
Pendant qu'à leurs clubs les bons chéris
Tienn'nt les enjeux, gagnent les paris

Avec un tas d' gigolos
 Ou d' *cent kilos*,
Ell's visit'nt les caboulots
 Très rigolos!

II

A minuit sonnant, dans les sapins,
Comme ell's sont gourmand's de soupers fins.
Sur les genoux des joyeux fêtards,
Ell's se laiss'nt conduire aux boulevards ;
En entrant chez le restaurateur,
Elles prenn'nt un petit air casseur,
 En passant devant le chasseur,
  Devant le chasseur.
   Sur les menus,
  Promenant leurs doigts nus,
  Au gré de leurs caprices,
  Le buisson d'écrevisses
  Réunit tout's les voix.
  Ell's ont vit' fait un choix :
  Du caviar, des anchois,
  Du champagn' le plus sec
   Pour se rincer l' bec.

Tandis qu' les maris vont d' leur côté,
On peut bien s' payer un peu d' gaîté,

Parler du dernier potin
 D' Paris mondain
Jusqu'à trois heur's du matin.
Pendant qu'à leurs clubs, les bons chéris
Tienn'nt les enjeux, gagnent les paris,
 Ell's se pâment en parlant
  Du débutant
Qu'ell's trouv'nt toujours, en sortant,
 Très épatant !

III

Suivant l'ordonnanc' de leur méd'cin,
Rester au logis n'est pas très sain,
Par hygièn', ell's vont, un' fois par jour,
Dans un' garçonnièr' faire un p'tit tour.
Ell's sav'nt bien défendre leurs appâts :
Vous pouvez r'garder du haut en bas,
 En passant ; mais n'y touchez pas,
  Mais n'y touchez pas !
   Entamant tout,
 Sans aller jusqu'au bout,
 N'rendant jamais les armes,
 S'mettant à rire aux larmes
  Aux instants les plus chauds,
  Malgré tous les assauts,
  A leurs amants penauds

Ça cause immédiatement
    Un refroidiss'ment.

Tandis qu' les maris vont d' leur côté,
On peut bien s' payer un peu d' gaîté,
    Et ces p'tits jeux innocents
        Pour les absents,
    Vraiment, n' sont pas indécents.
Pendant qu'à leurs clubs, les bons chéris
Tienn'nt les enjeux, gagnent les paris,
    A l'abri des paravents,
        Sur les divans,
    Ell's font des tableaux vivants
        Très captivants !

Son père tout craché

Son père tout craché

MUSIQUE DE ALFRED BERT (1).

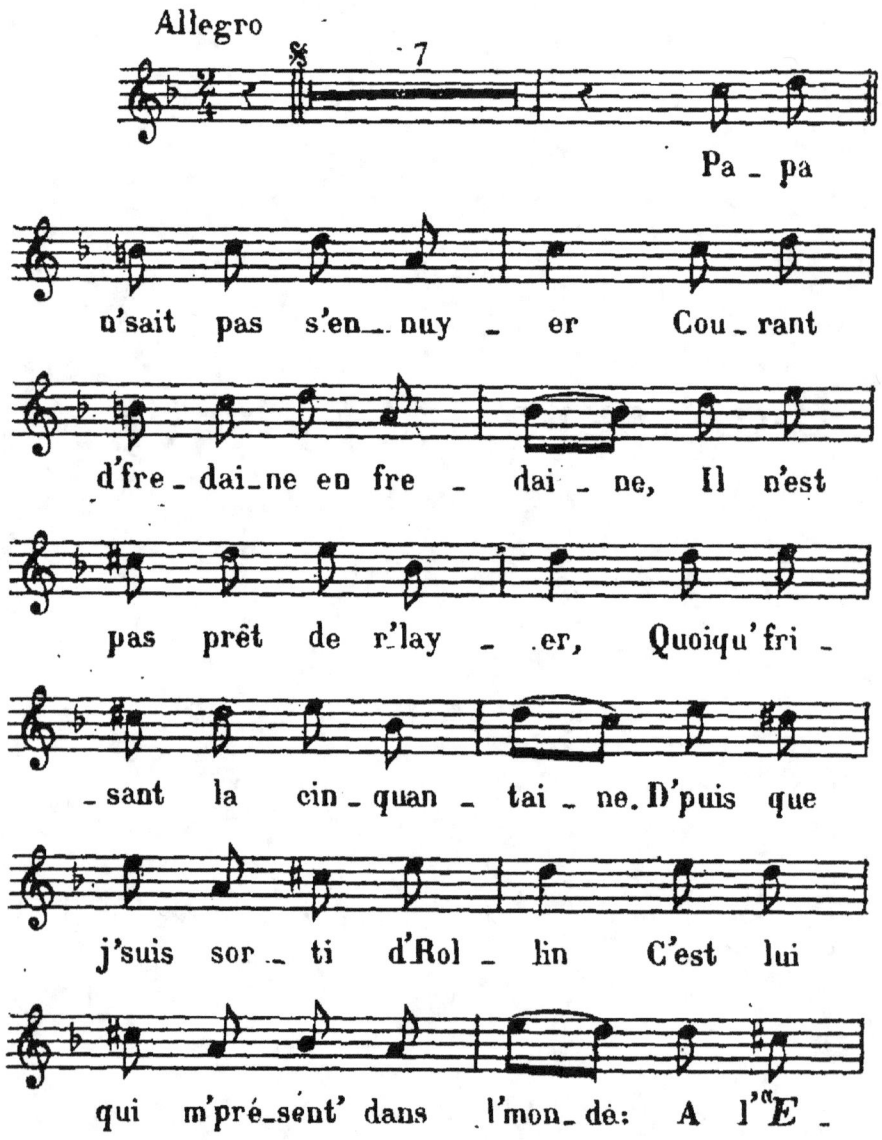

1. Publiée avec l'autorisation de M. G. Ondet, éditeur de musique, 83, Faubourg-Saint-Denis, Paris.

SON PÈRE TOUT CRACHÉ

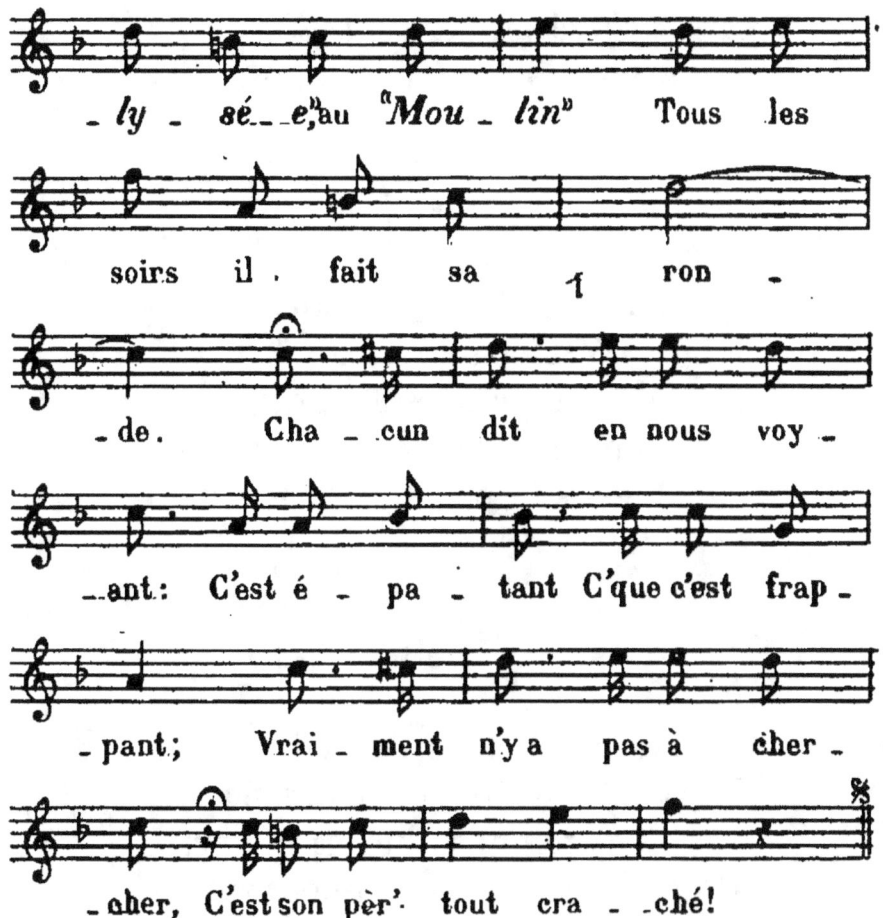

I

Papa n' sait pas s'ennuyer,
Courant d' fredaine en fredaine,
Il n'est pas près de r'layer,
Quoiqu' frisant la cinquantaine.
D'puis que j' suis sorti d'Rollin,
C'est lui qui m' présent' dans l'monde :

A l' « *Élysée* », au « *Moulin* »,
Tous les soirs il fait sa ronde.

REFRAIN

Chacun dit en nous voyant :
 « C'est épatant
 « C' que c'est frappant ;
« Vraiment n'y a pas à chercher,
 « C'est son pèr' tout craché ! »

II

Afin de m' former l'esprit,
Papa m' fait fair' connaissance
Avec des femm's d'un grand prix
Qu'ont pitié d' mon innocence.
La marquis' d' la Véranda
S'est chargé' d' m'apprendr' l'escrime,
Avec la môme Tata
Je pioche la pantomime.

Ell's se dis'nt en s'extasiant :
 « C'est épatant
 « C' que c'est frappant ;
« Vraiment n'y a pas à chercher,
 « C'est son pèr' tout craché ! »

III

Comm' je r'ssemble à mon auteur,
De taille et d' physionomie,
Chez l'cordonnier, chez l' tailleur,
Ça fait une économie.
Nous nous r'passons nos vestons,
Nos chapeaux, nos pair's de bottes ;
La bonn' nous r' coud des boutons
Sans distinguer nos culottes.

Ell' dit en m' raccommodant :
  « C'est épatant
  « C' que c'est frappant ;
« Vraiment n'y a pas à chercher,
  « C'est son pèr' tout craché ! »

IV

L'autr' jour, ne m' sentant pas bien,
J' demande un apothicaire,
« Tournez-vous », m' dit-il, « c' n'est rien,
« Je vais fair' le nécessaire. »
I' n' faisait pas clair du tout,
Dans l' lit je plongeais la tête
Et cependant, tout à coup,
V'là l'artiste qui s'arrête :

Il dit en t'nant l'instrument :
 « C'est épatant
 « C' que c'est frappant ;
« Vraiment n'y a pas à chercher,
 « C'est son pèr' tout craché ! »

V

Sans s'donner pour un Vatel,
Papa sait fair' la cuisine :
L' poisson à la maîtr' d'hôtel,
Il l' fait d'un' façon divine.
Dans le grand marché couvert,
Il m'envoie ach'ter la bête,
Je choisis l' plus gros, l' plus vert,
Je l' flair' d' la queue à la tête.

La marchand' dit en l'vidant :
 « C'est épatant
 « C' que c'est frappant ;
« Vraiment n'y a pas à chercher,
 « C'est son pèr' tout craché ! »

V

PAYSANNERIES

Si tu savais, ma chère

Si tu savais, ma chère

MUSIQUE DE JULES LASSAÏGUE

I

Ma chère, ah ! quelle affaire !
C'était jeudi dernier,
J'étais dans le grenier,
Si tu savais, ma chère !
J'étais avec Gervais ;
Il f'sait avec sa bouche
Le bourdonn'ment d'un' mouche,
Ma chèr' si tu savais !

II

Moi je courais légère
Sur des tas d'échalas,
En riant aux éclats
Si tu savais, ma chère !
« Tu n' m'attrap'ras jamais !
« Oh là ! la vilain' bête ! »
Lui criai-je à tu'tête,
Ma chèr', si tu savais !

III

V'là qu'y m' prend par derrière,
En arrivant dans l'coin
Où l'on entass' le foin.
Si tu savais, ma chère !
J' lui dis : « Ah mais ! ah mais !
« Quel fou ! quel imbécile !
« Laissez-moi donc tranquille ! »
Ma chèr', si tu savais !

IV

Alors, pour me fair' taire,
Y m' serrait si tell'ment
Qu' j'en avais l' tremblement.
Si tu savais, ma chère !
Comme un' bott' de navets
Je sentais qu' j'étais blême
Et j' pensais en moi-même :
Ma chèr', si tu savais !

V

« Qu'est-c' que va dir' ma mère ? »
A c' moment, sur l' plancher,
Gervais m' fit trébucher.
Si tu savais, ma chère !

Ah! qu' les homm's sont mauvais!
Y m' pressait d'un' tell' force
Qu' j'en ai comme une entorse.
Ma chèr', si tu savais!

VI

J' croyais être en colère,
Mais voilà qu' subit'ment
J' tomb' dans l'attendriss'ment.
Si tu savais, ma chère!
J' n'en veux pas à Gervais...
C' garçon... il a l' cœur tendre,
Et puis... il sait s'y prendre.....
Ma chèr', si tu savais!

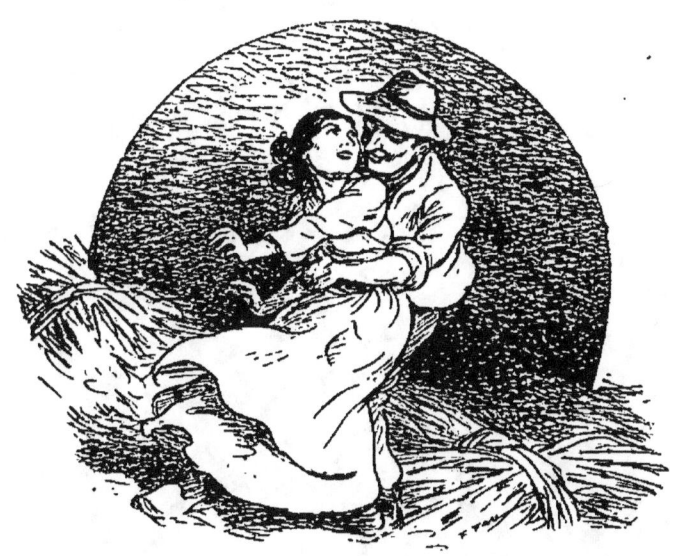

Gaspard et Fanchette

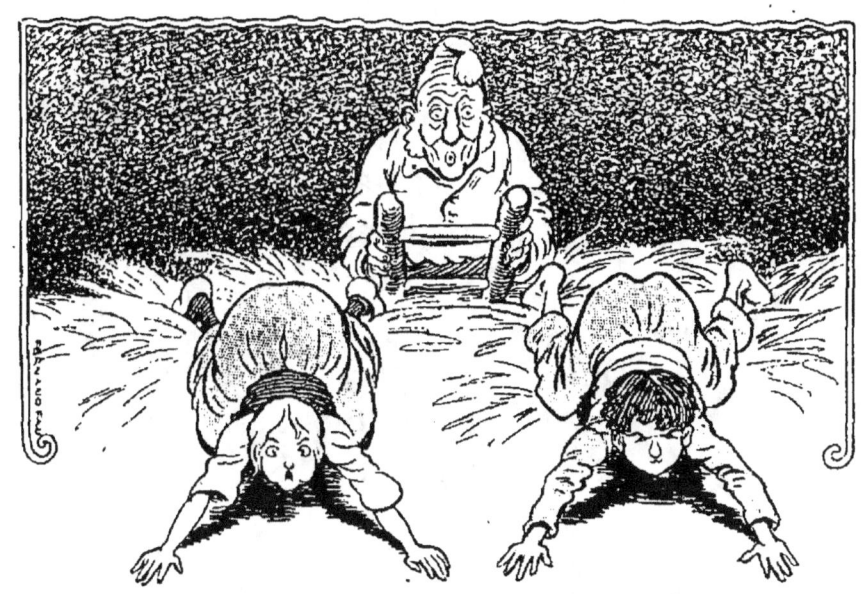

Gaspard et Fanchette

Musique de E. BONNAMY.

I

Le fermier, un soir dans la grange,
    S'éclairant d'un falot,
Croit voir un tas d' foin qui s' dérange :
    « Ben sûr c'est queu' qu' mulot ! »
Y r'tir' ses sabots, y s'avance
    En l'vant un gros gourdin,
Écart' le foin avec prudence
    Et puis s'arrêt' soudain...

C'était le p'tit Gaspard
Avec la p'tit' Fanchette.
Ah! ah!

(Pleurnichant:)
« On n'tait là par hasard,
« On jouait à la bloquette. »
Ah! ah!

II

Plus grav' que le grand Bonaparte
En train d' tirer un plan,
La tante Ursul' prépare un' tarte,
D' la brioche et du flan ;
D' sus la huche ell' roule la pâte...
« Mais qué qui r'mu' là-d'dans? »
Ell' soulèv' le couvercle, ell' tâte.
Y sort deux fantôm's blancs.

C'était le p'tit Gaspard
Avec la p'tit' Fanchette.
Ah! ah!

(Pleurnichant :)
« On n'tait là par hasard,
« J'y f'sais voir ma galette. »
Ah! ah!

III

Par les longs jours, la ferme est sobre
    De lumière et de feu,
Cependant, dès qu'arrive Octobre,
    Il faut veiller un peu.
Tout grelottant, un soir, le pâtre
    Met la flamme aux fagots ;
Ciel ! que voit-il sortir de l'âtre ?
    Deux loups ! deux parpaillots !

    C'était le p'tit Gaspard
    Avec la p'tit' Fanchette.
        Ah ! ah !
(Pleurnichant :)
    « On n'tait là par hasard...
    « M' montrait son allumette ! »
        Ah ! ah !

IV

En voyant un amour si tendre,
    Que firent les parents ?
Les marièr'nt sans plus attendre
    Après leurs dix-huit ans !

Les mariér'nt, mais pas ensemble...
Quel malheur! direz-vous,
C'est bien plus sag' que ça n' vous semble,
Car s'ils étaient époux,

On n' verrait plus Gaspard
Auprès d' la bell' Fanchette.
Ah! ah!
Laissez donc le hasard
Conduire une amourette.
Ah! ah!

La Belle Affaire!

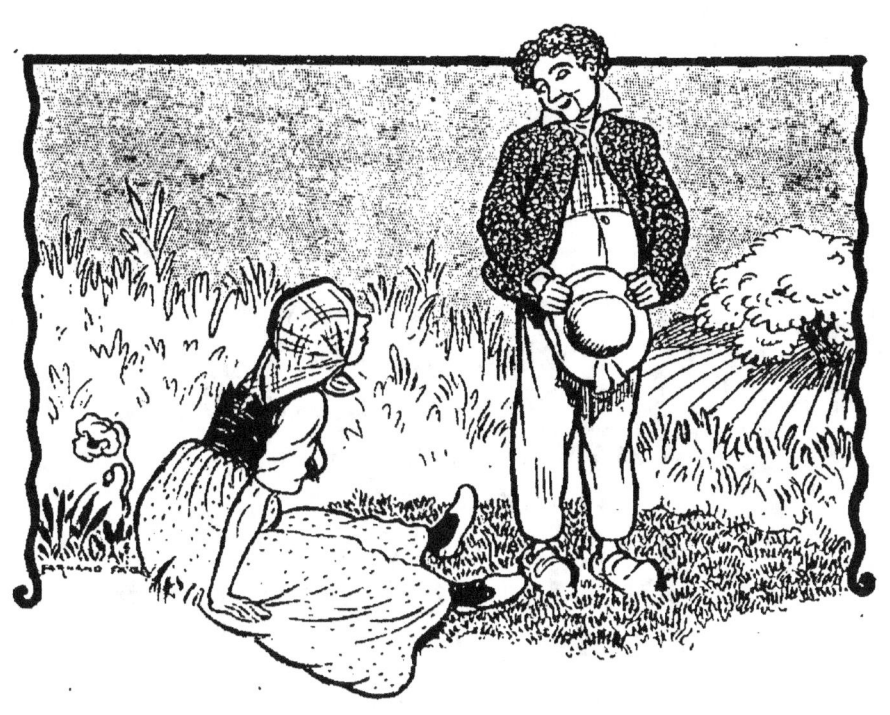

La Belle Affaire !

Musique de G. MARIETTI.

I

Un jour, Rose, la fermière,
　　La belle affaire !
Sommeillait sur le gazon,
Quand passa dans la clairière,
　　La belle affaire !
Lucas, un joli garçon
De bas en haut, de large en long.

II

Il s'approche avec mystère
La belle affaire !
Et du bout de son bâton,
Levant la guimpe légère,
La belle affaire !
Découvre un joli téton
De bas en haut, de large en long.

III

Quoi qu'il fît grande lumière,
La belle affaire !
Lucas baissa le menton
Pour lorgner la jarretière ;
La belle affaire !
Il la cherchait à tâtons
De bas en haut, de large en long.

IV

Une brise printanière
La belle affaire !
S'engouffra sous le jupon,

Comme un loup dans sa tanière,
　　La belle affaire !
En montrant tout au fripon.
De bas en haut, de large en long.

V

« Oh ! là ! » rêvait la fermière,
　　La belle affaire !
« C'est-y donc ton saint patron
« Qu' tu fèt's aujourd'hui Jean-Pierre ? »
　　La belle affaire !
« Cher époux, nous le fèt'rons
« De bas en haut, de large en long. »

VI

Quand Rose ouvrit les paupières,
　　La belle affaire !
Lucas, doux comme un mouton,
Mains jointes, fit ses prières,
　　La belle affaire !
Mais il obtint son pardon
De bas en haut, de large en long.

VII

Elle lui dit sans colère :
    La belle affaire !
« Eh quoi ? c'était pour de bon ?
« En dormant, je n'y pensais guère ! »
    La belle affaire !
« Et, d'ailleurs, qu'en verra-t-on ?
« De bas en haut, de large en long ! »

La Nonchalante

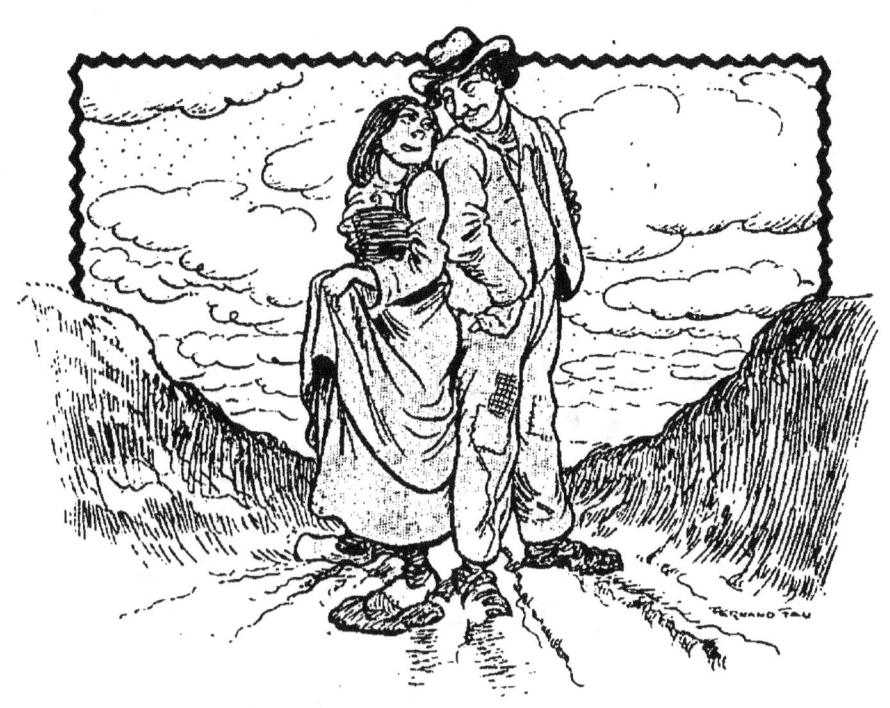

La Nonchalante

Musique de G. MARIETTI.

I

« Enfin, cet aveu que j'implore,
« Mam'zell', vous l'avez dans l' regard ;
« Demain, si vous l'avez encore,
« J' demand' vot' main sans plus d' retard. »
Mais la nonchalante minaude :
« Ne dérangez pas mes parents,
  « N' vous pressez pas, Jean-Claude,
« N' vous pressez pas, nous avons l' temps ! »

II

Au printemps, sur l'herbe naissante,
En été, dans les foins coupés,
On voit le drille et son amante
A mille pas'temps occupés,
Quand le gars joue à la main chaude,
    La p'tit' entre ses dents
    Dit : « N' te press' pas, Jean-Claude,
« Ah! n' te press' pas, nous avons l' temps. »

III

L'automne, au bois met la disette,
Pourtant, Jean-Claude, un fin chercheur,
Trouve la fraise et la noisette,
A Pâques comme à la Chand'leur.
La p'tit' surveille la maraude
    De ses r'gards languissants :
    « Va, n' te press' pas, Jean-Claude,
« Va, n' te press' pas, nous avons l' temps! »

IV

Quand vient l'hiver, la paresseuse
Voit le jour poindre avec dépit ;
Le chant d'un coq, d'humeur joyeuse,
Remet la belle en appétit.

Sa mère, à la porte clabaude :
"C'est l'heur' d'aller aux champs ! »
« — Va, n' te sauv' pas, Jean-Claude,
« Va, n' te sauv' pas, nous avons l' temps ! »

V

« Jean-Claude, il faut que tu m'épouses,
« Sans ça ma mèr' va me chasser ;
« Tu sais, les femm's ne port'nt pas d' blouses,
« Ma jup' commence à se r'trousser. »
Mais le garçon qui baguenaude
    Part soldat pour trois ans :
    « Nous r'caus'rons d' ça, nigaude,
« Lorsque j'aurai fini mon temps ! »

La Grimpette

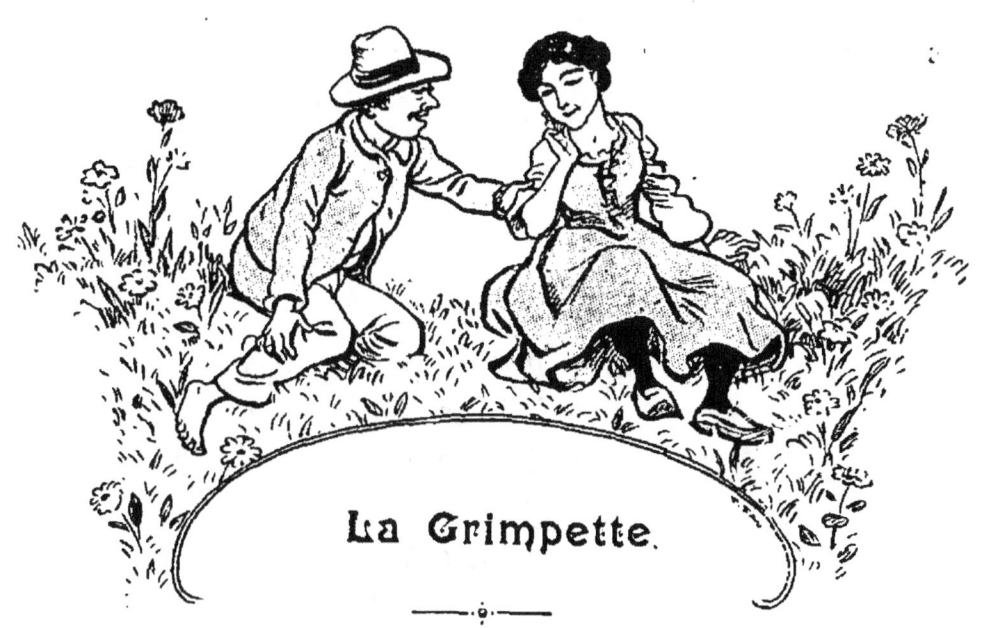

La Grimpette.

Musique de G. MARIETTI.

I

Rosette, un beau matin,
Sans bagage
Fait un voyage,
Au pays voisin.
Légère et guillerette,
En grimpant la grimpette,
Ell' va sautant, roulant,
Ah!
En dégringolant!

II

« Tiens ! voilà Barbançon
    « Qui, sans doute,
   « Suit même route.
  « Ah ! quel bon garçon ! »
On fera la causette
En grimpant la grimpette,
On s' donn'ra du ballant.
        Ah !
En dégringolant !

III

Rosett' sent une main,
     A sa taille,
    Qui la tenaille
   Et va son chemin,
Monte à sa gorgerette.
En grimpant la grimpette
Et puis, descend, descend,
        Ah !
En dégringolant !

IV

Sans d'mander : s'il vous plait?
Bien en face,
Le gars l'embrasse ;
Ah ! c't' effet qu' ça fait !
Elle avait la tremblette,
En grimpant la grimpette ;
Ell' tomba sur le flanc,
Ah !
En dégringolant !

V

S' fit-ell' mal en tombant ?
On assure
Que sa blessure
Va toujours bombant.
Maint'nant elle halette
En grimpant la grimpette,
Et son pas est plus lent
Ah !
En dégringolant !

VI

Barbançon, au retour,
Suit la folle,
La jambe molle;
Au déclin du jour.
Tant d'fossés, tant d'fossettes,
Tant grimper de grimpettes
Font aller un galant
Ah!
En dégringolant!

Les Moutons

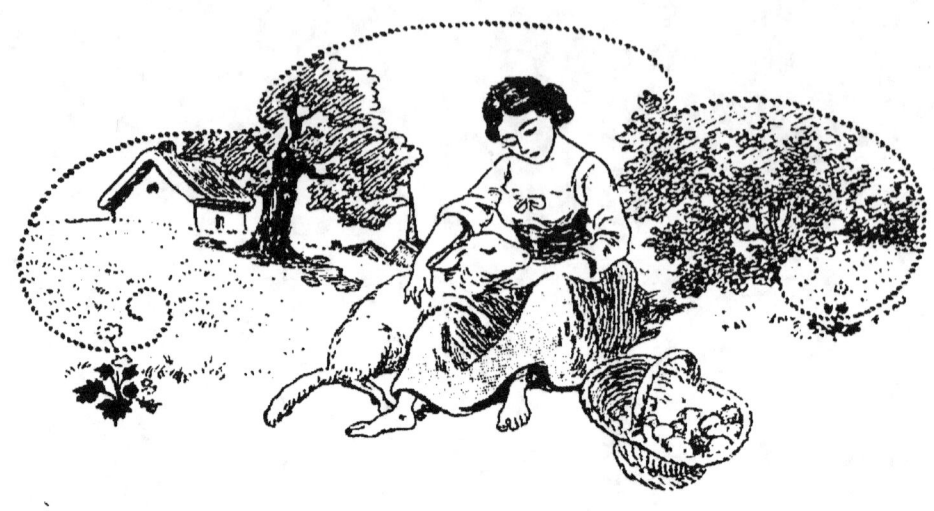

Les Moutons

... 99 moutons et un Champenois
font... cent bêtes.

(DICTON POPULAIRE.)

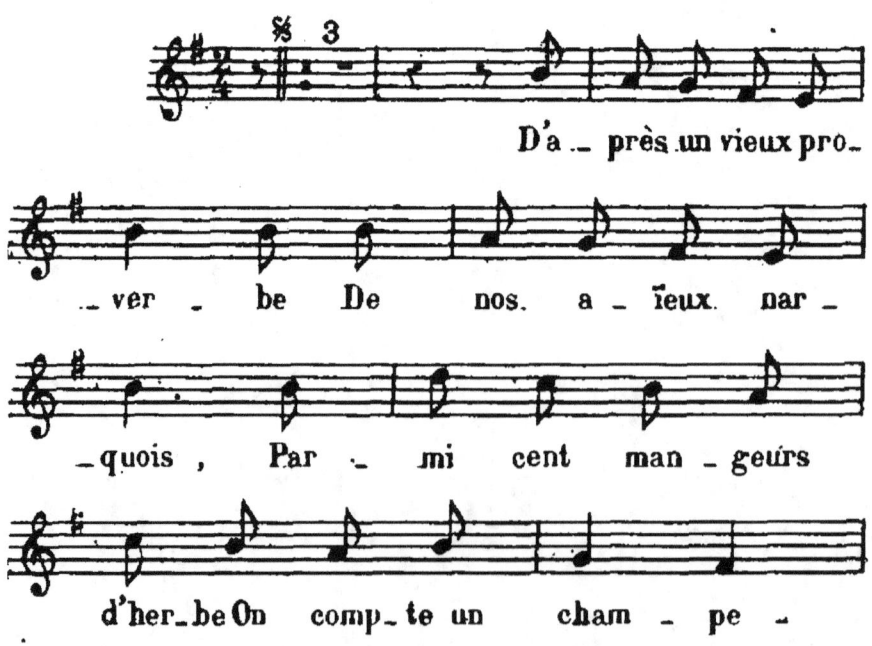

D'a_près un vieux pro_ver_be De nos a_ïeux nar_quois, Par_mi cent man_geurs d'her_be On comp_te un cham_pe_

LES MOUTONS.

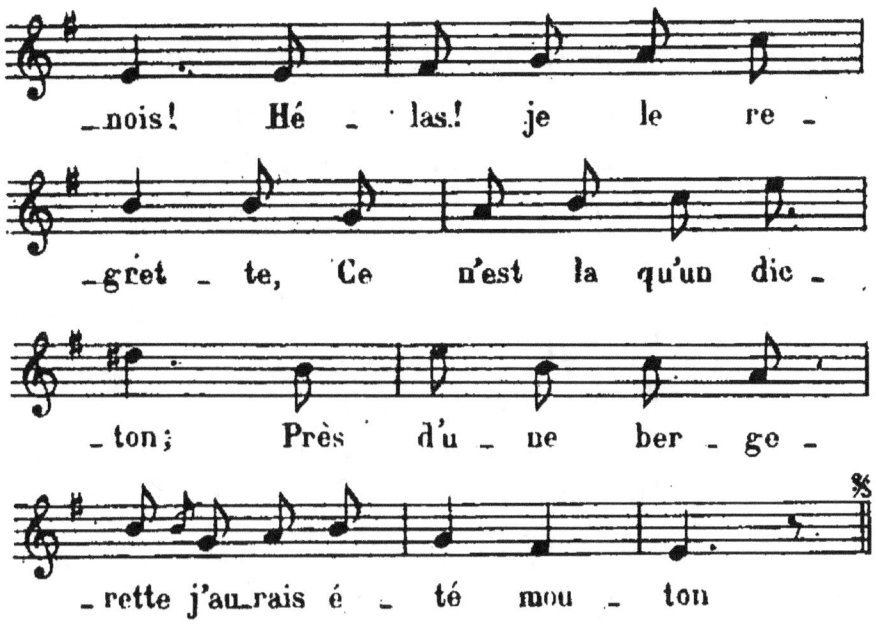

D'après un vieux proverbe
De nos aïeux narquois,
Parmi cent mangeurs d'herbe
On compte un Champenois !
Hélas, je le regrette,
Ce n'est là qu'un dicton ;
Près d'une bergerette
J'aurais été mouton.

J'aurais couru la plaine
Au bruit de ses chansons,
Pavoisant de ma laine
Les odorants buissons.

Le soir, sur la fougère,
Sans le moindre embarras,
Pour dormir, ma bergère
M'aurait pris dans ses bras.

Cédant à son étreinte,
A sa douce chaleur,
J'aurais banni la crainte
Du méchant loup hurleur.
Sur un sein où palpite
Une rose en bouton,
J'aurais posé, bien vite,
Ma tête de mouton.

Un songe plein de charmes,
En homme me muant,
M'eût fait, ainsi qu'aux Carmes,
Un effet... concluant,
Et les brebis, béates,
Voyaient, à mon réveil,
Un mouton à cinq pattes
S'étirer au soleil.

TABLE DES MATIÈRES

TABLE DES MATIÈRES

I

Paris

	Pages
Le Pavé de Paris	3
La Parisienne	9
Le Marché aux Fleurs	17
L'Hôtel des Ventes	27
Les Quais	37
Ce qu'on mange à Paris	43
L'Inauguration de l'Exposition de 1900	49
La Parisienne de Binet	55
La Rue de Paris à l'Exposition de 1900	61
Ballade des très vieilles Maisons	67

II

La Politique

L'Élu de Versailles	75
Les Impôts nouveaux	79

	Pages
Le Dégrèvement des Boissons hygiéniques, à la Chambre des Députés	85
La Repopulation	91
Le Ministre incassable	97
Le Nouveau Conseil Municipal	105

III

L'Amour

La Partie de Volant	111
Les Frissons	117
Ton Cœur	121
Lettre à ma petite femme	127
Chez l'Avocat	133
La Morte-Saison	141
Au Restaurant de Cupidon	147
Cruel Dépit	153

IV

Fantaisies

La Prison de Fresnes	159
Propos d'un Nasicure	163
Marche des Petits Pâtissiers	167
Stances au très Gras	175
Le Record du Paradis	179

TABLE DES MATIÈRES

	Pages
Sacré Charlot !	187
Les Culottes.	193
L'Impériale et l'Intérieur	199
Fleur de Vernis	207
Tout l' Fourbi.	213
Les Petites Folles	219
Son père tout craché.	227

V

Paysanneries

Si tu savais, ma chère !	235
Gaspard et Fanchette	241
La Belle Affaire !	247
La Nonchalante	253
La Grimpette	259
Les Moutons	265

9309 — Paris. — Imp. Hemmerlé et Cie.

EN VENTE A LA MÊME LIBRAIRIE

Collection in-18 jésus à **3 fr. 50** *le volume*

BOUKAY (Maurice)
CHANSONS ROUGES. Illustrations de Steinlen. Musique de Legay. . . 1 vol.
NOUVELLES CHANSONS. Préf. de Sully-Prudhomme, dessins de Balluriau,
Ibels, Steinlen, Willette, etc. 1

BRUANT (Aristide)
DANS LA RUE. *Chansons et Monologues.* Illustrations de Steinlen.
   Première série. . . . . 1 vol.
   Deuxième série. . . . . 1 vol.
SUR LA ROUTE. *Chansons et Monologues.* Dessins de Borgex . . . . 1 vol.

CHEBROUX (E.)
CHANSONS ET TOASTS. Préface par A. Silvestre, illustr. et musique. 1 vol.

DUROCHER (Léon)
CHANSONS DE LA-HAUT ET DE LA-BAS. Illustr. et musique. 1 vol.

JOUY (Jules)
CHANSONS DE BATAILLE . . . . 1 vol.

LEMERCIER (Eugène)
AUTOUR DU MOULIN, *Chansons de la Butte,* Avec musique. . . . . 1 vol.

PRADELS (Octave)
CHANSONS GAULOISES. Dessins de José Roy . . . . 1 vol.
CONTES JOYEUX ET CHANSONS FOLLES. Illustrations de
Kauffmann . . . . 1 vol.

ROMILLY (P.)
CHANSONS FRAGILES. Musique de M. Legay, préface de F. Sarcey. 1 vol.

XANROF
CHANSONS IRONIQUES. Avec musique. Illustrations de Balluriau . . 1 vol.
CHANSONS A RIRE. Avec musique. Illustrations de Grün et Lourdey . 1 vol.

YANN NIBOR
LA CHANSON DES COLS BLEUS, *Chants populaires de la Flotte française.* Avec musique et nombreuses illustrations . . . . 1 vol.
CHANSONS ET RÉCITS DE MER. Préface de Pierre Loti. 41 illustr. de
L. Couturier (*Couronné par l'Académie française*). . . . . 1 vol.

FRAGEROLLE (Georges)
CHANSONS DES SOLDATS DE FRANCE
Poésies et dessins de Tiret-Bognet.
Un album in-4° oblong, cartonné. Prix. . . . . 3 fr. 50

8837. — Paris. — Imp. Hemmerlé et Cie.

www.ingramcontent.com/pod-product-compliance
Lightning Source LLC
Chambersburg PA
CBHW052243220526
45471CB00001B/176